|g|r|a|f|i|t|

© 2015 by GRAFIT Verlag GmbH
Chemnitzer Str. 31, D-44139 Dortmund
Internet: http://www.grafit.de
E-Mail: info@grafit.de
Alle Rechte vorbehalten.
Umschlagillustration: Rita Rose
Druck und Bindearbeiten: CPI – Clausen & Bosse, Leck
ISBN 978-3-89425-465-0
1.   2.   3.   /   2017   16   15

Rita Rose, Nicole Schreiber und
Gabriella Wollenhaupt

Mörderische
Mandelhörnchen

Kulinarisches
aus der Grappa-Küche

grafit

Gabriella Wollenhaupt arbeitete viele Jahre als Fernsehredakteurin in Dortmund. 1993 verschaffte sie der schlagfertigen Polizeireporterin Maria Grappa ihren ersten Auftritt in *Grappas Versuchung*. Seitdem sind vierundzwanzig weitere Grappa-Krimis erschienen, der fünfundzwanzigste heißt *Grappa und die stille Glut* und kam im Mai 2015 auf den Markt.

Nicole Schreiber hat eine Ausbildung zum Food-Coach gemacht, ist seit jeher Grappa-Fan und wollte es wissen: Kann Maria Grappa tatsächlich kochen oder tut sie nur so? Daher hat sie sich alle fünfundzwanzig Grappa-Krimis noch einmal vorgenommen, die schönsten Gerichte ausgesucht, nachgekocht und die Rezepte niedergeschrieben.

Auch **Rita Rose** kennt alle Grappa-Krimis und sorgt für die Sahne in dieser Text- und Rezeptsammlung. Die gelernte Schaugewerbegestalterin und Grafikerin ist Schöpferin der liebevoll und witzig gestalteten Illustrationen.

Inhaltsverzeichnis

Vorwort

Mit einer beruflichen Veränderung fing es an: Nachdem ich von der Zeitung zum Radio gewechselt war, fehlte mir das Schreiben. Also packte ich 1992 während eines Urlaubs in Teneriffa meine kleine Reiseschreibmaschine *Gabriele* aus und haute in die Tasten. Das war die Geburtsstunde von Maria Grappa, die den gleichen Beruf hat wie ich und in Bierstadt bzw. Dortmund zu Hause ist, denn damit kenne ich mich am besten aus.

Zurück in Dortmund und ein paar Wochen später bot ich mein Manuskript dem damals noch jungen Grafit Verlag an, der mit einigen Titeln, die nicht in London oder New York, sondern in Datteln und Bochum spielten, erste große Erfolge feierte. Ich hatte Glück und mein Manuskript wurde angenommen.

Dass meinem ersten Krimi *Grappas Versuchung* so viele weitere folgen würden, hätten weder Verlag noch ich für möglich gehalten. Aber fast jedes Jahr ist seitdem ein Grappa-Krimi erschienen – inzwischen sind es fünfundzwanzig. Da meine Heldin mit der Autorin altert, hat Maria Grappa in den letzten Jahrzehnten einige Wandlungen durchgemacht. Doch eines hat sich nicht geändert: Grappa liebt Essen und Trinken. Einfach, natürlich und mit guten Zutaten. Raffiniert und kompliziert muss es nicht sein. Guten Wein hat Grappa immer im Haus, genauso wie Pasta. Sie hat grundlegende Kochkenntnisse und improvisiert und experimentiert gern. Auf leckere Mandelhörnchen legt sie besonderen Wert und lässt sie von Bäckerin und Freundin Anne-

liese Schmitz herstellen – natürlich mit zwei Schokoladen-
enden. Dieses kalorienreiche Gebäck ist Grappas Marken-
zeichen, denn ohne die Dinger liegen ihre Nerven schnell
blank.

Während der 25. Grappa-Krimi noch im Werden war, ent-
stand die Idee zu diesem Buch. Nicole Schreiber, deren Pro-
fession das Kochen ist, wollte es wissen: Wie alltagstauglich
sind Grappas Essenstipps? Sie hat die Mahlzeiten in den
Krimis geprüft und nachkochbare Rezepte kreiert. Gerichte
wie *Kaninchen in Senfschaum* haben dann wiederum die
Fantasie Rita Roses beflügelt, die mit ihrem Zeichenstift die
Mörderischen Mandelhörnchen zum Teil beißend kommen-
tiert.

Wir alle drei wünschen Ihnen mörderisches Vergnügen
mit diesem Buch und beim Nachkochen der Rezepte!

Gabriella Wollenhaupt, im Sommer 2015

Grappas Versuchung

Bei ihrem ersten Einsatz ist die Bierstädter Reporterin Maria Grappa noch für das örtliche Lokalradio tätig. Sie recherchiert gleich zwei ungeklärte Todesfälle: die der Quoten-Bürgermeisterin Lisa Korn und des Gigolos Richie Mansfeld. Dabei lernt Grappa den zwielichtigen und zugleich charmanten Edel-Kneipier Michael Muradt kennen – eine verhängnisvolle Affäre nimmt ihren Lauf. Macht er mit den Mördern gemeinsame Sache? Gut, dass die lieben Kollegen Grappa zur Seite stehen …

Die Arbeit in der Redaktion gestaltete sich heute ruhig. Im Sendestudio nebenan lief gerade die Sendung *Nachbarn sind wir alle*, moderiert vom *Samariter*. Meine ›Lieblingssendung‹. Hier konnten aufmüpfige Ehefrauen gegen nette Kanarienvögel eingetauscht werden, ganze Familien konnten sich neu einkleiden lassen, es wurden Wohnzimmerschränke, Couchgarnituren und alte Matratzen verschenkt. Aber – hier schwärzten auch gute ordentliche Deutsche ihre schlechten Nachbarn an, erzählten neurotische Hausfrauen ihre Albträume der letzten Nacht. Lebenshilfe live per Telefon.

Die Sendung für die Mühselig' und Beladenen, die Suchenden und die Findenden. Der *Samariter*, der mit bürgerlichem Namen Manfred Poppe hieß, knapp über fünfzig war und die schönste Radiostimme in der freien westlichen Welt besaß, nahm grundsätzlich alle Anrufer ernst, denn er war der Mann, der Hilfe und Trost spendete, der die Welt liebte und alle Kreaturen mit ihr.

Jedes Wesen war seiner Meinung nach von Natur aus gut – außer mir natürlich. Denn da ich ihn und sein selbstloses Lebensgefühl nicht ernst nahm und dies auch bei jeder passenden Gelegenheit kundtat, gehörte ich zur anderen Hälfte der Welt, zu denen, deren Leben ohne gute Taten einfach so sinnlos verstrich.

Doch immerhin: Der *Samarite*r gab den Anrufern, die sich meldeten, das Gefühl: »Wir sind gar nicht so beschissen, wie wir uns meistens fühlen und wie man uns sagt, dass wir sind.«

Leider überstand dieses neue Selbstwertgefühl noch nicht mal die Dauer der Sendung, und die lief nur eine Stunde. Und in den Tagen danach wanderten die Altmöbel dann doch auf den Sperrmüll und der junge Mann, der im Radio live versprochen hatte, der alten Dame den Müll herunterzutragen, hatte nach zwei Mal Tütenschleppen die Nase voll.

»Vielleicht gibt es in Bierstadt einen armen, armen Menschen, der die zehn Jahre alte Schrankwand von Frau Müller aus der Nordstraße noch gebrauchen kann? Rufen Sie uns an ...«, und der *Samariter* gab zum x-ten Mal die Nummer des Hörertelefons durch.

In der einen Stunde wurden an diesem Tag vier Katzen verschenkt, ein Wellensittich gefunden, zwei Matratzen und die Schrankwand von Frau Müller wechselten den Besitzer.

Der Samariter verabschiedete sich nach getaner Sozialarbeit und kam mit hochrotem Kopf ins Großraumbüro. »Es gibt so viel Not in Bierstadt«, sagte er erregt und blickte missbilligend auf mich, die ich gerade – dekadent wie ich war – in meiner Lieblingsgourmetzeitschrift mit den total ausgeklügelten Gaumenfreuden blätterte.

»Manfred, hier ist ein italienisches Mandelkuchenrezept

drin, das zieht dir die Schuhe aus. Eischnee, geriebene Mandeln, Puderzucker und nur fünfzig Gramm Mehl, danach wird das Ganze mit Amaretto getränkt und noch glasiert. Einfach köstlich ...«

Ich sah, wie ihm das Wasser im Mund zusammenlief. Trotz seiner sozialen Aufgabe, der er sich immer wieder mit Inbrunst stellte, war er ein ausgebufftes Schleckermaul, besonders, wenn es um Süßes ging. Er war ein genialer Erfinder lockerer Nachtische und seine *Petits Fours* erreichten höchste Zustimmungsquoten. Und zwar live, wenn er die Kollegen nach einer gelungenen Backarie am Wochenende mit seinen Köstlichkeiten verwöhnte und die Rezepte mit seiner sonoren Stimme vortrug. Es war für alle ein Genuss: für die Augen, für die Ohren und für den Gaumen.

»Manfred, ich brauche deine Hilfe«, sprach ich ihn an. »Vor vierzehn Tagen hat es im Gasthaus *Zum Stier* eine Schlägerei gegeben. Das Opfer, ein junger Mann, bekommt erst die Hucke voll und wird am anderen Morgen in Einzelteilen neben den Schienen des Intercity Basel–Dortmund gefunden. Die Staatsanwaltschaft glaubt zurzeit noch an Selbstmord, hat die Leiche dann aber doch kurz vor der Beerdigung beschlagnahmen lassen. Meiner Meinung nach ist er vorher ermordet und dann auf die Schienen gelegt worden, um die Spuren zu vertuschen.«

Er schaute mich angeekelt an. »Und was willst du mit diesen Krawallgeschichten bei mir?«, fragte er. Er war inzwischen ganz auf italienischen Mandelkuchen eingestellt, denn er hatte mir mein Gourmetheft aus der Hand gerissen, um sich in das Rezept zu vertiefen.

»Deine Sendung hat nun mal die höchste Einschaltquote und ich dachte mir, dass du für mich nach Zeugen suchen könntest ... Ob jemand den Jungen nach der Schlägerei noch irgendwo gesehen hat, vielleicht zusammen mit drei Typen, mit denen er aus der Kneipe wegging. Irgendwas, das mir helfen könnte, ein bisschen zu spekulieren. Die Polizei kommt zurzeit nicht weiter in der Sache und ich habe, wie gesagt, das Gefühl, dass es kein Selbstmord ist ...«

»Ah ja«, meinte er triumphierend, »dazu ist meine Sendung plötzlich gut genug. Und sonst zerreißt du dir dein Schandmaul darüber.«

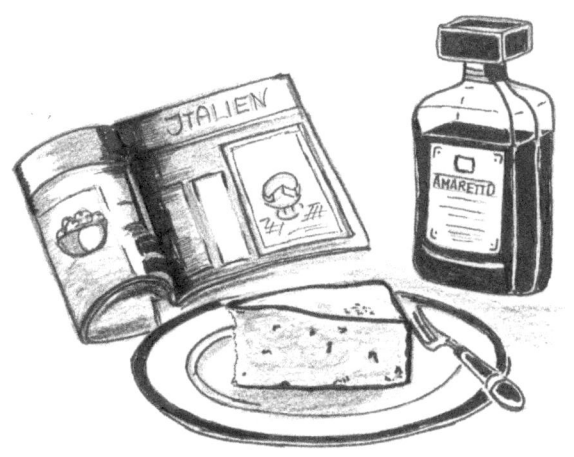

Dekadenter Mandelkuchen
nach italienischer Art
(Torta di mandorle)

Zutaten:

<u>Für den Teig</u>

4	Eier (M)
100 g	gehackte Mandeln

14

120 g	Zucker
1 Päckchen	Bourbon-Vanillezucker
1 Prise	Salz
50 g	Mehl
1 TL	Weinstein-Backpulver
	Butter für die Backform
4 EL	Mandellikör zum Tränken des Kuchens

Für den Guss

125 g	Puderzucker
4 EL	Mandellikör
1/2	BIO-Orange, Schalenabrieb

Zubereitung:

Den Backofen auf 175°C Ober-/Unterhitze vorheizen.

Die Eier trennen. Eigelb mit Zucker und Vanillezucker schaumig rühren. Gehackte Mandeln, Mehl und Backpulver dazugeben.

Eiweiß mit einer Prise Salz steif schlagen und portionsweise unter die Eigelbmasse heben.

Eine Springform (∅ 26 cm) mit Butter auspinseln. Den Teig einfüllen und glattstreichen. Im vorgeheizten Backofen etwa 40 Minuten backen.

Den Kuchen aus dem Ofen nehmen, aus der Form lösen, noch heiß mit dem Mandellikör tränken und auf einem Gitter abkühlen lassen.

Für die Glasur Puderzucker und Mandellikör glattrühren und auf den Kuchen streichen.

Grappas Treibjagd

Maria Grappa ist vom Lokalradio zum Bierstädter Tageblatt *gewechselt und bekommt es mit Kinderschändern und ihren Helfern zu tun. Ein übles Thema, das harte Anforderungen an die Reporterin stellt. Auch kulinarischer Art. Ein Informant der Marke ›Frauenversteher‹ lädt sie zu einem Besuch seiner Lieblings-Pommesbude ein, was fast zu einem Gemetzel führt.*

Mein Magen hatte stundenlang vor sich hingeknurrt, die fünf hartgekochten Eier, Bestandteil meiner gerade begonnenen Mayo-Diät, hatten meine Magensäfte zu ungeahnten Aktivitäten veranlasst. Mir war nach was Deftigem.

Naider schleppte mich in einen nahe gelegenen Schnellimbiss, den er kannte und dessen kulinarische Sensationen er über alles lobte. Dort sollte es für wenig Geld Unmengen auf die Gabel geben.

Ich ließ mich überreden. Jedoch packte mich sofort die Reue, als ich das pappige Brötchen sah, auf dem meine Finger unauslöschliche Dellen hinterließen. Zwischen den Papphälften befand sich totes Rind, kleingehackt, eingewickelt in ein schlappes Blatt Kopfsalat. Der Klecks Ketchup ersetzte den Kleber.

Naider hatte Ähnliches auf dem Pappteller. Ich legte meine Mahlzeit hin und schaute ihm beim Essen zu. Ungerührt und mit gutem Appetit schaufelte er sich die gerösteten Zwiebeln rein, denen Lebensmittelfarbe das passende Outfit verpasst hatte. Er grunzte zufrieden und strahlte. Der Mensch hat doch noch gewisse Gemeinsamkeiten mit dem

Tier. Naider biss mit Wollust in die zerkleinerte Kuh und zerrte an einer langen Zwiebelschnur, die in die Bulette einbetoniert war. Er zog und sie wurde immer länger.

Schließlich hatte er es geschafft – die Schnur war draußen und klebte an seinem Kinn fest. Er rollte seine Zungenspitze drum herum und versenkte sie – umwickelt von der Zwiebelschnur – wieder im Mund. Sein Sieg über die Tücken der Mahlzeit ließ ihn zufrieden auflachen. Ein Mann mit Erfolg!

Mir war der Appetit vergangen. Vielleicht gab es doch noch was Genießbares in dem Schuppen, der sich bescheiden *Ollis Gourmet Imbiss* nannte. Ich ging zur Theke, leicht schwankend, denn die Nummer mit der langen Zwiebel saß mir noch immer in den Knochen. Ein kräftiger junger Mann, der Schwierigkeiten hatte, seinen Bauch in der Hose zu halten, warf Buletten in die Luft und hoffte, dass sie wieder den Weg zurück in die große Eisenpfanne fanden.

Ich pirschte mich heran. »Junger Mann«, sprach ich ihn an.

Er drehte sich um und ich sah, dass er ein winziges Papphütchen auf der Vorderstirn befestigt hatte, richtig keck sah das Ganze aus.

»Haben Sie auch etwas Frisches hier, etwas, was nicht irgendwann mal in Öl gelegen hat? Ungekocht, ungebraten – so etwa diese Richtung?«

»Bei uns ist immer alles frisch!«, behauptete er in einem leicht drohenden Ton.

»Ach, tatsächlich?«, gab ich zurück und schnupperte. In meine Nase zog der Duft von altem Öl, in dem sich Generationen von Fischstäbchen und Pommes »Hallo« gesagt hatten.

Er hatte mein missbilligendes Schnuppern bemerkt und provozierte mich: »Wenn Ihnen hier was nicht passt, dann verschwinden Sie!«

»Das geht leider nicht, denn ich bin im Dienst. Ich schreibe für eine internationale Gourmet-Zeitschrift und bin zurzeit als Testesserin unterwegs«, verriet ich ihm und setzte ein verstohlenes Lächeln auf. »Sehen Sie diesen jungen Mann da drüben, mit dem ich gekommen bin? Er ist mein Vorkoster. Wenn er Ihren Hamburger überlebt, werden Ihnen die drei Totenköpfe mit den gekreuzten Knochen zuerkannt.«

Er überlegte. Schließlich entschied er sich dafür, mir nicht zu glauben. »Wenn Sie mich weiter verarschen, dann schmeiße ich Sie höchstpersönlich raus«, entgegnete er böse und nahm das kecke Hütchen vorsichtshalber von der Stirn. Dann pumpte er seinen massigen Oberkörper mit Luft auf, aber er war so schon groß und kräftig genug. Der Hosenknopf unter der Wampe ächzte.

Ich wandte mich mal kurz zu Lämmchen um, ob ich von ihm gegebenenfalls tätige Hilfe erwarten konnte, doch der mümmelte ungerührt die letzten Reste der weichen Pappe und nuckelte an dem Strohhalm, der in dem Plagiat eines koffeinhaltigen Massenproduktes versenkt war.

»Sie sollten Ihre Kunden besser behandeln«, riet ich dem Frikadellen-Fritzen. »Wenn Sie sich in Ihrem Beruf als Buletten-Werfer nicht verwirklichen können, werden Sie doch Universitätsprofessor!«

»Raus hier!«, brüllte er und machte Anstalten, über den Tresen zu hüpfen.

»Lass gut sein, Olli«, krähte Lämmchen hinter mir, »die Dame ist gute alte Hausmannskost nicht gewöhnt. Mach die Rechnung fertig!«

Ollis Gourmet-Hamburger
(bevor er schlappmachte)

Für vier bis sechs Burger zum Sattessen

Zutaten:

<u>Brötchen (Buns)</u>

250 g	Mehl (Typ 550, backstark)
½	Würfel Hefe
100 ml	warmes Wasser
4	EL Milch
15 g	Zucker
5 g	Salz
40 g	weiche Butter
2	Eier
1 EL	Sesam

Zubereitung:

Mehl in eine Schüssel sieben. Hefe in eine Mulde bröckeln, Zucker und warmes Wasser dazugeben. Fünf Minuten warten.

2 EL Milch, Salz und Butter sowie 1 Ei zufügen und alle Zutaten etwa fünf Minuten kneten. Eine kräftige Küchenmaschine ist hier hilfreich. Teig zugedeckt eine Stunde stehen lassen.

Ist der Teig gut auf das doppelte Volumen aufgegangen, 6 Brötchen formen. Hierzu nimmt man etwas Mehl in die Hände und rollt jeweils eine Portion zwischen den Handflächen, bis sie die Form eines flachen Brötchens angenommen hat. Auf ein mit Backpapier ausgelegten Backblech mit ausreichend Abstand legen. Teiglinge mit einem Handtuch abdecken und noch einmal eine Stunde gehen lassen.

Backofen auf 180°C Heißluft aufheizen.

Vor dem Backen 1 Ei mit 2 EL Milch verquirlen. Mit der Ei-Milch-Mischung die Burger-Brötchen bestreichen und mit Sesam bestreuen.

20 Minuten auf mittlerer Schiene backen.

Inzwischen die Röstzwiebeln herstellen und die Zutaten für den Burgerbelag vorbereiten:

Röstzwiebeln
     100 ml   Erdnussöl
        2   mittelgroße Zwiebeln

Burgerbratling (Patty)
Pro Burger gilt:
    120 – 150 g   Hackfleisch vom Rind
               Pfeffer, Salz
               Senf

Belag
               Gewürzgurken in Scheiben
               Salatblätter
     2 EL   Crème fraîche
     2 EL   Mayonnaise
               frischer Pfeffer
               Currysoße (siehe S. 115 f.)

Zubereitung:
Zwiebeln schälen und in feine Ringe hobeln.

Erdnussöl in einem Topf erhitzen. Zwiebelringe bei hoher Hitze rösten, mit einem Schaumlöffel aus dem Fett nehmen und auf Küchenpapier abfetten lassen. Beiseitestellen.

Fleisch und Gewürze gründlich verkneten. Bratlinge gleichmäßig formen und platt drücken (etwa 12 cm Durchmesser). In einer Grillpfanne bei hoher Temperatur auf beiden Seiten anbraten und bei mittlerer Temperatur etwa fünf Minuten pro Seite fertig garen.

Mayonnaise und Crème fraîche verrühren, mit frisch gemahlenem Pfeffer abschmecken.

Brötchen aufschneiden, Salatblatt, Patty, Soßen, Gurken,
Zwiebeln dazwischenlegen.

Anmerkung:
Variationen können sein: Avocadoscheiben anstatt Zwiebeln, Tomatenwürfel anstatt Gurkenscheiben, BBQ-Soße
anstatt Currysoße ...

Danke an Axel von *Steak & Eisen* für den wichtigsten
Hinweis:

80 g	Hamburger einer Fast Food Kette
120 g	standard
150 g	gut
180 g	sättigend
200 g	lecker

Grappa macht Theater

Kulturkampf in Bierstadt. Der Chef eines Gebäudereinigungs-unternehmens möchte Generalintendant der Städtischen Bühnen werden und zieht im Hintergrund die Fäden. Theaterkritiker von Prätorius schreibt einen ätzenden Zeitungsartikel dagegen und wird ermordet. Anlass genug für Maria Grappa, die Kulturschickeria mächtig aufzumischen. Auch bei Weinproben und gutem Essen ist die Reporterin immer am Ball – besonders, wenn die harte Recherche bei ihrem Lieblingsitaliener stattfindet.

Im *Pinocchio* servierte mir Luigi köstliche Pasta mit in Butter goldgelb gebackenem Salbei. Es geht doch nichts über ein gutes Essen in meinem Stammrestaurant, dachte ich, mit vollem Magen lässt es sich besser denken.

Ich versuchte, Höfnagel die Speisekarte zu erklären, denn seine Kenntnis der italienischen Küche erschöpfte sich in Pizza.

»Wie kommt es«, fragte ich, »dass Sie als Kulturmensch so gar keinen Wert auf gehobene Lebensart legen? Die ständige Beschäftigung mit dem Guten und Schönen hätte Sie doch längst erhöhen müssen?«

»Ich stamme aus kleinen Verhältnissen und musste mir alles im Leben erkämpfen«, gestand er und machte sich über die Grissinis her, die im Nu verschwunden waren. »Und im Studium habe ich dann später gelernt, dass die Kultur stets das Vorrecht einer kleinen Minderheit ist, eine Sache von Reichtum, Zeit und zufälligem Glück. Die Kultur erhebt das

Individuum, ohne es aus seiner tatsächlichen Erniedrigung zu befreien.«

»Na und? Das war vielleicht früher einmal so. Aber heute hat doch jeder die Chance, sich an Kunst und Kultur zu erfreuen.«

»Glauben Sie, dass Feudels Wachmänner ins Theater gehen? Oder eine Ausstellung besuchen?«

»Warum nicht? Die Bühnen werden hoch genug aus öffentlichen Geldern subventioniert, sodass sich auch Nachtwächter Karten kaufen können!«

»Was nützt den Analphabeten die Pressefreiheit?«

»Wenn die irgendwann doch mal lesen lernen?«

»Sie sind eine Romantikerin, Frau Grappa!«

»Und Sie haben Ihre Sturm- und Drang-Zeit in den 68ern nicht richtig verdaut. Wenn Sie das alles wissen, warum hat Bierstadt dann so eine miefige Provinzkultur?«

Er zuckte die Schultern und trank das Glas Barbera in einem Zug aus. »Jede Stadt hat die Kultur, die sie braucht. Der *Zigeunerbaron* und die *Gräfin Mariza* sind einfach nicht totzukriegen. Doch auch die *Antigone* von Sophokles oder Goethes *Iphigenie* haben ihre Zuschauer, wenn auch nicht sehr viele. Dazwischen versuche ich zu balancieren.«

»Na also!«, tröstete ich ihn. »Schenken Sie den Leuten doch Träume von Schönheit, Edelmut und Reichtum! Lassen Sie sie schwelgen in Heldentaten, die sie selbst nie vollbringen würden! Kultur und Kunst entgiften die Wahrheit und rücken sie ab von der Gegenwart.«

»Doch was in der Kunst geschieht, verpflichtet zu nichts!«

»Sie haben eine merkwürdige Ideologie! Zwischen Marx, Marcuse und Lieschen Müller.«

»Besser eine Ideologie als gar kein Hobby!«

Ich lachte und sagte: »Ich mag keine Ideologien. Sie sind grimmige Bollwerke in unserer Seele. Der Verstand wird durch sie ins Exil geschickt.«

Wir schwiegen, vermutlich weil wir uns beide intellektuell verausgabt hatten. Dann kam der Hauptgang.

»Reden wir über die *Loge!*«, schlug ich vor. »Ich hab mir im Vereinsregister die Karteikarte angeguckt. Sieben Gründungsmitglieder gibt es – wie bei jedem Karnickelverein. Bis auf zwei kenne ich alle. Feudel, Beutelmoser, Prätorius, Pistor und Beate Elsermann. Wer aber sind Otto Grünger und Ernst Lotterbeck?«

»Grünger ist auch da drin? Interessant! Otto Grünger hat ein kleines teures Weinlokal im Kreuzviertel. Da trifft sich die *Loge* zu ihren monatlichen Weinproben.«

»Und wer ist Lotterbeck?«

»Keine Ahnung. Ich habe den Namen nie gehört. Ist er wichtig?«

»Kann ich nicht sagen. Aber ich habe immer gern alles komplett.«

Der Ziegenbraten auf sizilianische Art schmeckte hervorragend. Er wurde mit Knoblauch, Chilischoten, Granatäpfeln und Orangensaft geschmort. Ein oder zwei Prisen Zimt gaben dem *Capretto* einen aparten Hauch. Ich hatte mir einen Corvo Rosso dazu bestellt.

Als ich wieder sprechen konnte, fragte ich: »Was könnte mich an der *Loge* interessieren?«

Höfnagel schaute wie einer, der nichts Ehrenrühriges über andere Leute sagen will und weiß, dass er es nicht durchhält. »Ich weiß nur, dass alle durch die *Loge* zu Geld gekommen sind!«

Ziegenbraten à la Mafia (Capretto alla siciliana)

Für zwei Personen

Zutaten:

ca. 800 g Milchzickleinrücken

Für die Glasur

1	Granatapfel
2 EL	Granatapfelmelasse
1 EL	Honig
2	Knoblauchzehen, gepresst
2	Zweige Thymian (Blättchen abzupfen)
1 Msp.	Zimt gemahlen
½	BIO-Orange, Saft und Schalenabrieb

Zum Braten

          Pfeffer, Salz
2   EL Olivenöl
1   TL Butter

Zubereitung:

Backofen auf 80°C Sanftgaren einstellen. Rost auf unterster Schiene einlegen.

Den Granatapfel in der Mitte (zwischen dem Stiel und dem Blütenansatz waagerecht) teilen. Die Granatapfelkerne über einer Schüssel ausklopfen. Das geht am besten, wenn man die halbe Frucht so greift, dass die Fruchtkammern zum Schüsselboden zeigen. Dann klopft man vorsichtig, aber beherzt mit einem Holzlöffel von außen auf die Haut des Granatapfels. Die Kerne springen aus den Fruchtkammern. Kerne aus dem Saft löffeln und beides getrennt aufheben.

Für die Glasur Granatapfelsaft und Melasse mischen, Honig, Knoblauch und Thymianblättchen einrühren. Zimt, Orangenschalenabrieb und Orangensaft zugeben. Alles gut verrühren.

In einer Pfanne Olivenöl mit Butter erhitzen.

Den Ziegenrücken mit Pfeffer und Salz einreiben und von allen Seiten braun anbraten. Das Bratenstück in eine Auflaufform legen und üppig mit der Marinade bestreichen.

Die Auflaufform in den Ofen bringen. 90 Minuten garen.

Zwischendurch mit der Flüssigkeit, die sich in der Auf-lauf form gebildet hat, bestreichen.

Grillfunktion mit 230°C für 15 Minuten einschalten.

Das Fleisch vom Knochen schneiden, in Scheiben auf vor-gewärmten Tellern anrichten. Mit dem Bratensaft beträu-feln.

Dazu passen griechische Pommes frites (Kartoffelschei-ben frittiert) und eine Salatgarnitur (Blattsalat, etwas Zie-genkäse, Granatapfelkerne und Olivenöl, etwas Pfeffer und Salz).

Grappa dreht durch

Ein schöner Nebenverdienst für Maria Grappa: Im Auftrag eines Gourmet-Magazins *bringt sie gut betuchten Feinschmeckern in der Toskana die Grundlagen der italienischen Küche bei. Die Idylle wird jäh gestört, denn zu Hause in Bierstadt stürzt sich ein Fernsehjournalist vom Dach des siebzig Meter hohen City-Centers. Freiwillig oder hat jemand nachgeholfen? Bevor Grappa die sanften toskanischen Hügel verlässt, verpasst sie den Teilnehmern noch die letzte Runde ihrer Italien-Kochschule.*

Die Gruppe bestand dieses Mal aus einem jungen Mann mit schütterem blonden Haar und Nickelbrille, einer flotten Chefsekretärin, einer wohlproportionierten Unternehmerin, einem angegrauten Vorruheständler aus der Stahlbranche, der das Wochenende bei einem Preisausschreiben gewonnen hatte, einem pensionierten Oberst der Bundeswehr mit Bürstenhaarschnitt und einem schwulen Schauspielerpaar. Eine bunte Truppe also.

»Die klassische Küche Italiens besteht aus einer Vorspeise, dem ersten Gang, dem zweiten Gang und dem Dessert. Zu einem italienischen Essen gehört immer Wein, manchmal ein Aperitif und ein Verdauungsschnaps zum Espresso. Bevor wir mit der Vorspeise beginnen, noch eine Bemerkung. Die bekannte Pasta ist keine Vorspeise im klassischen italienischen Sinn, sondern der erste Gang eines kompletten Menüs. Die Antipasti sollen ein Festessen einleiten, den Appetit auf eine nette Weise anregen, die Zunge vorbereiten auf den Genuss, der danach folgt.«

Die Kundschaft raunte andächtig. Doch ich war noch nicht fertig: »Der Fantasie der Hausfrau oder des Hausmannes ist bei den Antipasti keine Grenze gesetzt. Vergessen Sie nie, dass das Auge auch mitspeist. Stimmen Sie die Zutaten farblich aufeinander ab, ordnen Sie sie dekorativ auf dem Teller an. Beginnen wir also. Heute stehen die *Teste di funghi farcite* als Antipasta auf dem Programm. Dafür hat der Veranstalter, das *Gourmet-Magazin*, Steinpilze aus den Abruzzen einfliegen lassen.«

Die Unternehmerin stöhnte lustvoll auf. Ich grinste innerlich. Die Nummer mit dem »einfliegen lassen« zog immer, niemand schien zu wissen, dass auf der nördlichen Weltkugel um diese Jahreszeit kein frischer Steinpilz aufzutreiben war. Die Rundköpfe stammten aus der Tiefkühltruhe, sahen aber wie neu aus und dufteten genial.

Ich führte meine Jünger zu einem rustikalen Holzblock, auf dem ich die braunen Kostbarkeiten malerisch ausgebreitet hatte.

»Nehmen Sie sich bitte jeder einen Pilz«, schlug ich vor, »aber seien Sie vorsichtig, dass der Hut nicht zerstört wird. Nun greifen Sie bitte zu den Küchenmessern, die da rechts liegen, und kratzen die Röhren ganz vorsichtig aus. Achten Sie darauf, wie ich das mache!«

»Müssen die Dinger nicht erst mal gewaschen werden?«, schnarrte der Oberst außer Diensten.

»Befehl bereits weise vorausschauend ausgeführt, Herr General!«, gab ich zackig zurück.

Die beiden Schwulen kicherten. Dann fingen alle brav an, mit den Messern die Pilze zu bearbeiten.

Als die Hüte hohl waren, ging's mit Elan an die Füllung. Stiele, Knoblauch und Kräuter wurden fein gehackt und mit

Salz und Pfeffer gewürzt. Ein appetitlicher Duft zog durch die Küche. Dann zeigte ich meinen Schülern, wie die Farce in die Höhlungen gestrichen wird. Sie sahen gebannt auf meine Hände.

»Und nun werden die ›funghi‹ in eine feuerfeste Form gelegt und bei 180 Grad – der Ofen sollte vorgeheizt sein – eine halbe Stunde gegart. Und fertig ist die Vorspeise!«

»Ich liebe alles, was mit Pilzen zu tun hat! Pilze sind etwas Ur-Weibliches!«, gestand die Chefsekretärin und vertiefte sich in die Augen des Nickelbrillenträgers, der bisher weitgehend stumm geblieben war. Der lächelte schüchtern und rückte einen Meter von ihr ab.

Während die Steinpilze schmorten, erklärte ich die Zubereitung der *Fusilli alla napoletana,* einer Pasta aus gedrehten Bandnudeln, Ricotta und Ziegenfleisch. Zwischendurch kostete ich den guten Tropfen des San Severo so intensiv, dass die *Ossibuchi della Festa* eine leichte Übung waren. Meine Schüler schabten, putzten, pfefferten, salzten, enthäuteten und plapperten, dass es eine Freude war.

Völlig erschöpft vom Kochen und Weintrinken – wir hatten drei Rotweinflaschen während des Kochvorgangs geleert – setzten wir uns schließlich an den großen Tisch und genossen ein köstliches Mahl.

Der Oberst erzählte, wie er es dem Russen vor über fünfzig Jahren gegeben hatte, die Schauspieler brabbelten über die neueste *Orlando*-Inszenierung an ihrer Provinzbühne, die Sekretärin gestand ihre Neigung zu Astrologie und die Unternehmerin trank Brüderschaft mit dem Vorruheständler aus dem Stahlbetrieb. Alles war gut.

Ur-weibliche Steinpilzköpfe

Für vier Personen

Zutaten:

8	makellose, frische Steinpilze
80 g	Pecorino, gerieben
1 TL	Thymianblättchen, frisch vom Zweig gestrippt
1 EL	Semmelbrösel
2	Knoblauchzehen, zerdrückt
2 EL	Olivenöl
40 g	kalte Butter
	Pfeffer, Salz

Zubereitung:

Den Backofen auf 180°C Heißluft aufheizen. Rost auf mittlere Schiene einlegen

Eine Auflaufform mit Butter ausstreichen.

Die Steinpilze säubern (nicht unter fließendem Wasser waschen, sonst geht das Aroma verloren). Am besten mit einer weichen Küchenbürste den Schmutz entfernen. Den Fuß einmal frisch anschneiden. Den Fuß vorsichtig aus dem Schirm brechen und mit einem Messer die Lamellen ausputzen.

Für die Füllung die Steinpilzfüße fein hacken, mit Semmelbröseln, geriebenem Käse, Knoblauch, Olivenöl und Kräutern vermischen. Mit Pfeffer und Salz abschmecken (nicht zu viel Salz, denn der Käse ist schon recht herzhaft).

Die Füllung mit einem Löffel in die Steinpilze drücken. Die gefüllten Pilze mit der Öffnung nach oben in die Auflaufform legen und jeden mit einem Butterflöckchen belegen.

Im Backofen 30 Minuten backen. Warm servieren.

Anmerkung:
Steinpilze haben von Mai bis November Saison.

Grappa fängt Feuer

Urlaub muss sein und Bildung kann nicht schaden, sagt sich Reporterin Maria Grappa und schließt sich einer Bierstädter Reisegruppe an. Doch die Tour steht von Anfang an unter keinem guten Stern: Eine junge Frau wird vergewaltigt, eine brave Gattin befördert ihren Nerv tötenden Ehemann in eine tiefe Schlucht, der Besserwisser der Reisegruppe endet unschön mit einer Axt im Schädel. Grappa ist allerdings ziemlich abgelenkt, denn der Reiseleiter begeistert sie mit ausgefallenen Genüssen jeglicher Art.

Vor der Dorftaverne drehte sich ein enthäutetes Lamm über einem Holzkohlenfeuer. Das Tier war fast ausgewachsen und ziemlich fett. Es war mit einer Eisenstange durch die Mitte gepfählt worden. Die Augen waren durch die Hitze blind geworden, es bleckte die Zähne und streckte die Zunge wie eine Standarte vor. Die Hitze hatte sie anschwellen lassen. Ich wandte mich ab.

Kondis wechselte mit den beiden Männern, die das hingerichtete Schaf bewachten, ein paar Worte. Der Mann deutete auf die Zunge, blickte zu mir und lachte. Kondis schmunzelte ebenfalls und sagte etwas. Der Griller warf mir einen prüfenden Blick zu.

Ich hatte eine vage Ahnung, um was es ging. Männerblicke und Männergesten sind international.

»Worüber redet ihr?«, fragte ich leicht verschnupft.

»Ich habe die Zunge bestellt«, erklärte Kondis.

»Igitt! Und warum hat der Mann mich dann so angesehen?«

Kondis wurde verlegen. »Na ja, man sagt, dass eine gebratene Lammzunge die Potenz eines Mannes steigert. Deshalb hat er auf dich geguckt.«

»Schade, dass das Tier nicht doppelzüngig ist.«

»O je, ich armer Mann!«

Wir gingen an einen einfachen Holztisch, der im Schatten eines riesigen Kirschbaums stand. Auf dem rohen Holz lag weißes Papier, das Besteck stammte aus Korea und die Teller aus Japan. Der Landwein wurde in einer Aluminiumkanne serviert, die in Hongkong das Licht der Welt erblickt hatte. Die praktischen Plastikstühle aus Griechenland rundeten das internationale Ambiente ab.

Der Kellner brachte das Essen. Ich hatte Lammkotelett verlangt, auf Kondis' Teller lag die Lammzunge, umrundet von Tomaten, Oliven und Knoblauch.

Er schnitt sie an und spießte das erste Stück auf. »Willst du mal kosten?«, fragte er.

Ich winkte ab. Er kaute genüsslich auf dem Stück herum und spülte mit einem kräftigen Schluck Wasser nach.

»Und?«

»Was und?«

»Spürst du schon was?«

»Ach, das meinst du! Ja …«, er hielt ein und lauschte in sich hinein. »Es kribbelt an einer bestimmten Stelle!«

Wir lachten und tafelten fürstlich. Die erste Kanne Wein war schnell geleert. Zwischendurch fiel ein Blatt des Kirschbaums in mein Glas. Es war über und über von schwarzen Blattläusen bedeckt, die eine nach der anderen im Alkohol ertranken.

»Ich kann nicht mehr!«, stöhnte ich. »Lass uns noch einen Kaffee trinken und eine Siesta machen.«

»Gern. Unser Hotel ist genau gegenüber. Siehst du das kleine Haus mit dem weißen Anstrich?«

Kondis holte unser Gepäck aus dem Auto und schleppte es hoch. Ich war ein bisschen beschwipst und konnte kaum die wenigen Stufen bewältigen.

Das Zimmer war sauber, das Bett breit und frisch bezogen. Kondis hievte die Koffer aufs Bett und packte das Nötigste aus. Im Bad drehte ich die Dusche auf und ließ einige Liter lauwarmes Wasser über mich laufen. Ich wickelte mich in ein Badetuch und ging ins Zimmer zurück.

»Du bist ja ganz nass!«, sagte er und fuhr mit den Händen durch mein feuchtes Haar. Er küsste mich zärtlich. Es schmeckte nach Knoblauch und Wein.

»Leg dich schon mal hin. Ich bin in fünf Minuten da.«

Auf dem Weg zum Bad zog er das Hemd aus und warf es auf einen Stuhl. Dann hörte ich Wasser rauschen.

Ich wickelte mich aus dem Badetuch und schlüpfte unter die Decke. Das weiße Leinen war kühl, was ich von meinen Gedanken nicht sagen konnte.

Als er vor mir stand, war ich entzückt. Er war gut gebaut und hatte die Muskeln dort, wo sie bei einem Mann hingehörten. Sein Oberkörper war breit, der Bauch flach und die Hüften schmal. Er ließ das Handtuch um seine Hüften fallen und legte sich neben mich. »Willst du schlafen oder lieber ein Dessert nach Art des Hauses?«

»Lass uns ein bisschen ausruhen«, bat ich und gähnte, »außerdem muss die Lammzunge bei dir noch etwas wirken. Der Wein und das gute Essen haben mich müde gemacht.«

Er stimmte zu und ich drehte mich auf meine Schlafseite. Kurze Zeit später lag ich in Morpheus Armen und schlummerte satt und selig.

Lammzunge am Spieß

Für eine Person

Zutaten:

Für die Zunge

2	Lammzungen
1	Zwiebel
1	Lorbeerblatt
3	Pimentkörner
6	Pfefferkörner
1	Gewürznelke
1 TL	Salz

Für die Garnitur

3	reife Romatomaten
2 EL	schwarze Oliven
2	Knoblauchzehen, in Chili eingelegt
2 EL	Olivenöl
1 EL	Balsamicoessig
	frischer Oregano
	Pfeffer, Salz

Zubereitung:

Die Zungen in einem Topf mit Wasser bedecken. Gewürze beigeben, aufkochen und 1 bis 1,5 Stunden kochen.

Wenn sie durch sind, wird die Haut von der Zungenspitze her abgezogen.

So vorbereitet können die Zungen gegrillt werden.

Für die Gemüsegarnitur die Zutaten nicht zu klein in etwa gleich große Stückchen schneiden und vermischen. Die Zungen auf einen vorgewärmten Teller legen und mit dem Gemüse garnieren.

Anmerkung:

Wässert man die Zungen einige Stunden (Wasser zwischendurch wechseln), lässt sich die Haut abschneiden. Dann kann die Zunge ohne Vorkochen gegrillt werden. Es dauert dann aber natürlich entsprechend länger.

Außerdem geben die Autorinnen keine Garantie, dass Lammzunge tatsächlich potenzsteigernd wirkt.

Grappa und der Wolf

Maria Grappa wird in Toledo Augenzeugin eines Verbrechens: Eine junge Frau fällt vor ihren Augen aus dem Fenster des dritten Stocks eines baufälligen Hauses und stirbt – gerade als die Reporterin eine exquisite Kollektion spanischer Tapas probieren will. Die Spuren führen zu einer verbrecherischen Organisation und dem professionellen Killer ›El Lobo‹, der Gefallen an Grappas Ermittlungen findet.

Auf der anderen Seite der Straße stand eine dunkelgrüne Limousine. Ich konnte die Marke nicht erkennen; es war ein starker Wagen, der dort breitbeinig auf dem Pflaster lag. Am Steuer saß regungslos ein Mann, sein Gesicht war im Schatten. Wenn er an seiner Zigarette zog, glühte ein milder, roter Schein über sein Gesicht. Das Auto parkte am Ausgang einer Einbahnstraße. Das rote Verbotsschild mit dem weißen Querbalken hing lose in seiner Befestigung von der Hauswand herab. Der Name der Straße – weiße Schrift auf blauem Grund – war unleserlich. Zumindest aus meiner Perspektive. Das Haus – es war übrigens die Straßenecke – war ein müder, grauer Bau; der Verputz bröckelte und legte einen schäbigen Untergrund frei. Ein totes Haus, das ein bisschen Glanz nur von einer grünen Markise erhielt, die über einem Fenster im dritten Stock angebracht war.

Diesem Gebäude gegenüber standen in verwirrender Unordnung viele leuchtend rote Plastikstühle, gruppiert um weiße Kunststofftische. Dahinter breitete sich ein Stückchen verwilderter Garten aus. Zur Straße hin war er gesichert durch eine niedrige Mauer mit einem starken Eisengitter, in dessen unterem Teil sich allerhand Müll verfangen hatte.

Die Stühle gehörten zu einer Bar. Haus, Garten und alles drum herum hatte ich im Blick, denn ich hatte mich vor der Bar niedergelassen, wo ein halbes Dutzend der gleichen Stühle aufgebaut waren. Niemand saß mit mir unter freiem Himmel. Ich war allein, hatte gerade eine Auswahl von Tapas bestellt. Kurz gebratene Wachteln und geröstete Ringe von Calamares, gegrillte, scharf gesalzene Fleischstückchen und was noch dazugehört: Weißbrot, schwarze Oliven, ein wenig Salat und eine ganze Flasche Vino tinto, Landwein aus Valdepenas, wie der Barmann versichert hatte.

Es war angenehm, hier zu sitzen, so allein. Dagegen herrschte drinnen in der Bar, die *Meson Las Tapas* hieß, ein völliges Durcheinander – nur Männer waren dort, die mehr Lärm machten, als ich vertragen konnte. Dazwischen mischte sich noch das Geheul einer Flamencosängerin aus vollem Busen.

Es wurde Abend. Die Sonne war hinter dem Schatten der Häuser verschwunden, einige Vögel steuerten ihre Schlafplätze an und aus ein paar Fenstern drang bereits elektrisches Licht. Ein streunender Stadtkater strich scheu an meinem Tisch vorbei, um die Lage im Hinblick auf Essbares zu überprüfen. Er schnappte das halb abgegessene Wachtelskelett aus meiner Hand und machte sich davon.

Plötzlich zerbrach ein Klirren die Ruhe der Straße. Es kam von gegenüber, vom grauen Haus, vor dem der dicke Wagen stand, dessen Fahrer noch immer ruhig auf seinem Platz saß. Hinter dem Fenster im dritten Stock, dem mit der grünen Markise, entdeckte ich einen Schatten. Ein Schrei folgte. Irgendetwas Schreckliches geschah dort! Bevor ich einen klaren Gedanken fassen konnte, fiel der Körper einer

Frau aus dem Fenster. Der Fall war lautlos, der Aufprall ein dumpfer Schlag.

Ich vergaß vor Entsetzen zu atmen. Am Fenster erschien der Kopf eines jungen Mannes, ich glaubte, Hände zu sehen, das kurze Aufleuchten eines Fingerringes. Die Straße blieb von dem Fall unberührt, niemand außer mir schien etwas bemerkt zu haben, niemand stand als Schatten neugierig am Fenster, aufgeschreckt durch dieses plötzliche Klirren. Die Männer in der Bar hinter mir grölten noch immer, die Sängerin stieß rhythmische, gutturale Schreie zu schweren Gitarrenakkorden aus.

Ich hatte mich wieder gefasst, sprang auf und lief über die Straße. Der Täter musste noch im Haus sein. Als ich an dem wartenden Wagen vorbeirannte, beobachtete ich eher zufällig, dass sich der Fahrer über das Lenkrad gebeugt hatte, als ob er sein Gesicht verbergen wollte. Er rauchte nicht mehr. Ich klopfte heftig ans Fenster. Es war ein Mann mit Baskenmütze, der dort saß. Er rührte sich nicht. Meine Hand versuchte, die Tür zu öffnen. Sie war verschlossen.

»Nun helfen Sie doch!«, schrie ich.

Keine Reaktion.

Ich lief zu der Frau. Sie war jung, hatte dunkles kurzes Haar, das Gesicht war zur Erde gekehrt. Sie trug ein rotes Kostüm, dessen Jacke durch die ungewollte Lage des Körpers etwas hochgerutscht war. Ich beugte mich zu ihr hinab, suchte nach Lebenszeichen und fand sie nicht. Mit einer Hand versuchte ich, den Kopf zur Seite zu ziehen. Ihre Haut war warm, die Augen halb geschlossen und starr. Ich blickte zur Eingangstür. Sie hing ruhig in ihren Angeln, der Mörder war entweder noch im Haus oder hatte einen anderen Weg hinaus gefunden.

Ohne zu überlegen, stürmte ich durch die angelehnte Tür ins Innere. Der Flur war ziemlich ramponiert. Die Türen waren aufgebrochen, manche standen offen, Möbel waren nirgends zu sehen. Ich erklomm die Treppe, deren Bohlen knarrten. Vorsichtig ging ich bis in die dritte Etage. Auch die Tür hier oben war nicht verschlossen. Behutsam drückte ich sie auf. Die Wohnung war in einem besseren Zustand als der Flur, so, als würde sie gelegentlich benutzt. Nicht zum Wohnen, sondern zu anderen Zwecken. Es standen ein paar schäbige Sessel herum, ein großer Tisch, kein Bett. Dann noch ein paar kleinere Gegenstände. Es roch ungelüftet und nach altem Zigarettenrauch. Ich trat ans Fenster, sah die Reste einer Glasscheibe auf der Fensterbank liegen. Gerade wollte ich einen Blick auf die Straße werfen, als mich ein Geräusch im Hausflur zusammenzucken ließ. Ich lief aus der Wohnung, horchte in die Etagen unter mir.

Nichts regte sich. Niemand war da.

Stille, als habe sich nichts ereignet, kein Unfall und schon gar kein Mord.

Pikante Fleischkugeln (Albondigas)

Für vier Personen

Zutaten:

500 g	Rinder- oder Lammhackfleisch
2	kleine Zwiebeln
½	altbackenes (Weiß-)Brötchen oder Paniermehl
2	Eier
6 EL	Olivenöl
500 g	pürierte Tomaten
0,2 l	Rotwein
1 EL	Tomatenmark
1	rote Paprika
1	kleine rote Chili

Pfeffer, Salz, Paprikapulver, Zucker
glatte Petersilie

Zubereitung:

Hackfleisch mit einer kleingehackten Zwiebel, einge-
weichtem Brötchen, Eiern, Pfeffer und Salz vermengen,
zu kleinen Bällchen formen und in einem Schmortopf in
Olivenöl rundherum anbraten. Die Bällchen dann herausnehmen und kurz beiseitestellen.

Die zweite Zwiebel ebenfalls klein hacken und in Olivenöl
glasig dünsten. Rotwein, pürierte Tomaten und Tomatenmark hinzugeben. Paprika und Chili sehr fein würfeln
und untermengen.

Mit Salz, frisch gemahlenem Pfeffer, Zucker und Paprika
abschmecken, die Hackbällchen hineinlegen und ca. eine
Stunde einkochen lassen, bis die Soße sämig ist. Warm,
mit Petersilie bestreut, servieren.

Maurische Spießchen (Pinchos morunos)

Für vier Personen

Zutaten:

1		Doppelfilet Hühnerbrust (ca. 500 g)
½	Tasse	Olivenöl
¼	Tasse	trockener Sherry
1	TL	Paprikapulver edelsüß
½	TL	Paprikapulver rosenscharf

½ TL   gemahlener Kreuzkümmel
            Pfeffer, Salz

Zubereitung:

Das Filet waschen, trockentupfen und in ca. 1 cm flache Stücke (etwa 3 x 3 cm) schneiden.

Olivenöl, Sherry und die Gewürze mischen, darübergießen und mindestens zwei Stunden ziehen lassen.

Dann die Fleischstückchen aufspießen und bei mittlerer Hitze ca. 10 Minuten grillen, dabei mehrmals wenden.

Dazu passt ein ›körperreicher‹ Rotwein, z. B. Vino Tinto aus der D. O. Ribera del Duero

Chorizo in Cidre (Chorizo a ala sidra)

Für vier Personen

Zutaten:

500 g   Chorizo (Wurst mit starker
            Paprikawürzung)
1 Flasche (¾ l)   Sidra oder Apfelwein

Zubereitung:

Chorizo in Stücke schneiden, in eine Tonkasserolle geben, mit Apfelwein bedecken und die Flüssigkeitsmenge bei kleiner Flamme auf die Hälfte einkochen.

Heiß und möglichst zugedeckt servieren. Aufgepasst: Beim Aufpiksen der Wurststücke kann es spritzen!

Dazu passt ein kräftiger Rotwein, z. B. Vino Tinto aus der D. O. Valdepeñas

Killt Grappa!

Als ein prominenter Schönheitschirurg im Ehebett abgeschlachtet wird, ist Maria Grappa sofort am Ball. Die Spuren deuten auf einen Racheakt der gequälten Ehefrau hin, doch auch das Opfer einer verpfuschten OP hat Grund zur Rache. Zusammen mit ihrem jungen Liebhaber, dem Kripobeamten Nik Kodil, bringt Grappa Licht ins Dunkel. Doch Nik hat noch andere Vorteile. Er kocht für sein Leben gern.

Er hatte die korrekte Kleidung gegen Jeans ausgetauscht. Über seinen nackten Oberkörper hatte er eine geblümte Hausfrauenschürze gestreift. Ich strich mit der Hand über seine muskulösen Schultern.

»Du bist ein verdammtes Lustobjekt«, murmelte ich.

»Keine Anmache bitte!«, grinste er. »Ich muss die *Sauce hollandaise* für den Brokkoli noch mal aufschlagen. Fast wäre sie geronnen. Setz dich solange.«

Er stürmte in die Küche. Ich schaute mich um. Ich war noch nicht oft in seiner Wohnung gewesen. Sie war spartanisch eingerichtet, nur wenige Möbel standen hier, doch die waren erlesen. Edelstahl, Glas und weißer Marmor. Die Behausung hatte nichts von der gezwungenen Niedlichkeit an sich, mit der Junggesellen die Wärme einer hegenden und pflegenden Gattin ersetzen wollen.

Ganz anders die Küche. Sie war barock ausgestattet, mit allen Schikanen und Gerätschaften, die die Küchenbranche erfunden hatte, um den Leuten das Geld aus der Tasche zu ziehen. Kodil war ein göttlicher Koch. Schon immer hatte ich es sexy gefunden, wenn Männer mit Töpfen und Kochlöffeln hantierten. Kodil zelebrierte die Herstellung von Mahlzeiten wie einen virtuosen Sexualakt: konzentriert und zugleich losgelassen, erfolgsorientiert und doch spielerisch, heftig und trotzdem sensibel. Der Mann hatte nur einen wesentlichen Nachteil: Er war gute zehn Jahre jünger als ich.

»Es ist serviert, Madame!«, rief Nik aus der Küche. Er hatte seinen Body mit einem roten T-Shirt bedeckt.

Die Mittagsmahlzeit aus der Dönerbude lag mir noch etwas im Magen, als ich mich an den Tisch setzte.

»Knoblauch!«, schnüffelte Kodil. Er war neben mich getreten und teilte die Suppe aus. Es war eine klare Rinderbrühe mit chinesischen Gemüsestreifen.

»Leider«, seufzte ich. »Ich war mit dem Fotografen am Mordhaus und dein Kollege Baißer hat uns verjagt. Also haben wir danach aus lauter Frust was gegessen.«

»Der alte Baißer«, meinte Nik und setzte sich. »Der Präsident hat ihn tatsächlich zum Leiter der Soko *Eiskalt* gemacht. Hatte keiner mehr mit gerechnet. Er säuft nämlich wie ein Loch. Jetzt muss er Erfolge bringen, sonst ist er ganz weg vom Fenster.«

»Unangenehmer Typ.« Ich probierte die Suppe. Sie war zart, hatte einen feinen Fleischgeschmack, das Gemüse war noch bissfest.

»Das sehe ich auch so«, stimmte Nik zu. »Er ist ein brutaler Widerling. Er bedient jedes Klischee vom bösen, hinterhältigen Bullen.«

»Wieso heißt die Soko *Eiskalt?* Was hat das zu bedeuten?«

»Das sage ich dir lieber nicht, solange wir essen«, antwortete Nik. »Gleich erzähle ich dir alles, was ich weiß. Ich hole jetzt die Pasta.«

Sprach's und verschwand wieder in der Küche. Die Penne, die er anschleppte, hatten es in sich. Nik erklärte, dass er sie nur in heißem Olivenöl geschwenkt hatte, in der sich vorher einige Chilischoten getummelt hatten. Darüber ein Hauch grob geraspelter *Pecorino sardo* und einige geröstete Pinienkerne.

»Zum Wohl!« Der Pinot grigio ließ das Glas von außen beschlagen. Ich malte mit dem kleinen Finger ein Herzchen drauf. »Ich danke dir für die Einladung, Süßer!«, sagte ich forsch, um nicht in eine romantische Stimmung abzudriften. Es handelte sich schließlich in erster Linie um ein Arbeitsessen.

Auch das Hauptgericht war vegetarisch. Brokkoli mit Holländischer Soße, Möhren-Reibeplätzchen und knackiger Latuca mit einer Vinaigrette aus Balsamessig, Olivenöl und gepresstem Knoblauch.

»Warum bist du ausgerechnet bei der Polizei gelandet?«, wollte ich wissen. »Als Koch hättest du längst ein paar Sterne eingeheimst.«

»Ich koche zu gerne, um es jeden Tag tun zu müssen.«

Ich verstand.

Als Nachtisch servierte mein hübscher Koch Zitronencreme, die von ihm im Wasserbad zärtlich aufgeschlagen worden war.

Den Espresso nahmen wir auf dem Sofa. »Was bedeutet also der Name *Eiskalt?*«, nahm ich den Faden wieder auf.

»Eine ziemlich perverse Sache, die sich da in der Villa abgespielt hat«, erklärte Nik. »Zuerst wurde Grid mit einem Messer regelrecht abgeschlachtet, dann seiner Hoden beraubt. Der Mörder muss sich an dem vielen Blut geweidet haben. Als wir die Wohnung nach Spuren durchkämmten, haben wir auch in den Kühlschrank geguckt.« Nik stockte.

»Ja und?«

»Im Eisfach lagen Grids Hoden.«

»Was?« Im meinem Magen rumorte es.

»Ein Verrückter«, konstatierte Kodil. »Der Polizeipsychologe ist auch der Meinung. Er glaubt, dass Frau Grid die Täterin ist.«

»Was? Sie war doch gar nicht zu Hause!«

»Wissen wir's? Die Haushälterin ist früh gegangen.«

Da hatte Nik recht. Doch die Vorstellung eines blutigen Ehedramas behagte mir nicht.

»Ich glaub's nicht«, wandte ich ein. »Schau dir den Typen an: Grid war groß und kräftig! Sie dagegen ist eher zart. Wie zum Teufel soll sie das geschafft haben?«

Nik zuckte mit den Schultern. »Wenn Frauen etwas wirklich wollen, bekommen sie ungeahnte Kräfte. Außerdem wurden in Grids Blut Psychopharmaka gefunden. Genug, um einen Ochsen niederzustrecken. Der Promillegehalt war auch nicht von schlechten Eltern. Er konnte sich gar nicht wehren, selbst wenn er es versucht hätte. Also konnte sie ihn in aller Ruhe mit dem Skalpell bearbeiten.«

»Ein Skalpell also«, wiederholte ich. »Genau das passende Werkzeug, um einen Chirurgen ins Jenseits zu befördern.«

Polizeiliche Möhren-Reibeplätzchen

Für vier Portionen

Zutaten:

500 g	Möhren
500 g	Kartoffeln
1	Zwiebel mittelgroß
1	Knoblauchzehe, zerdrückt
4	Eier
250 g	Magerquark
100 g	körnige Haferflocken
1 EL	Meersalz
	Sonnenblumenöl zum Braten

Zubereitung:

Die Möhren, Kartoffeln und Zwiebel schälen und fein raspeln, am besten mit einer Küchenmaschine. Knoblauch schälen und zerdrücken. Die Eier mit dem Quark und den

Haferflocken unter das Raspelgemüse ziehen. Mit Salz würzen und etwa 30 Minuten quellen lassen.

Die Gemüsepuffer in Öl braten und auf einem mit Küchenpapier ausgelegten Abkühlgitter ablegen.

Dazu passt ein grüner Salat mit einer Vinaigrette aus Olivenöl, Balsamico, etwas Knoblauch und frischen Kräutern, z. B. Schnittlauch, glatte Petersilie und Thymian. Wer mag, gibt ein wenig Honig dazu. Mit Pfeffer und Salz abschmecken.

Im Frühsommer können auch Wildkräuter benutzt werden, wie z. B. Knoblauchrauke. Gänseblümchenknospen oder andere essbare Blüten machen das Ganze auch optisch zu einem Genuss.

Grappa und die Fantastischen Fünf

Bombenstimmung in Bierstadt: Die ungeliebte Bibliothek wird in die Luft gesprengt. Doch unter den Trümmern findet sich die Leiche des millionenschweren iranischen Teppichhändlers von gegenüber – brutal ermordet. Eine Gruppe, die sich die Fantastischen Fünf nennt, kündigt weitere Verbrechen an. Maria Grappa nimmt die Spur auf und schreckt dabei auch vor dem Besuch eines politisch inkorrekten Fast-Food-Schuppens nicht zurück.

Mein Magen knurrte. Auf Bierstadts goldener Meile gab es fast keine Restaurants, in denen man auf die Schnelle seinen Hunger stillen konnte. Unverhofft stand ich vor einem Fast-Food-Restaurant, einem amerikanischen, das dafür bekannt war, seine Mitarbeiter gnadenlos auszubeuten, die Regenwaldabholzung in den Tropen zu forcieren und ordentliche Betriebsratswahlen zu behindern. Drei Kids kamen mir entgegen, in den Händen kleine Tüten mit goldgelben Kartoffelstäbchen. Sie sahen knusprig und frisch aus.

Ich verwarf den spontanen Gedanken, den multinationalen, zutiefst kapitalistischen Konzern mit meinem Geld zu unterstützen, und entfernte mich. Nach zwanzig Metern schaute ich mich um. Nein, ich sah niemanden, den ich kannte und der mir mein klägliches gesellschaftliches Versagen würde vorwerfen können.

Ich drehte um, lief schnurstracks zum Eingang der Fast-Food-Bude, noch schnell ein weiterer Blick nach rechts und links, keine verdächtigen Personen, und drin war ich.

An den Tischen saßen vorwiegend junge Menschen mit Walkmen und Kopfhörern, genüsslich ihre Big Macs oder Chicken McNuggets mümmelnd. Ihre Blicke irrten orientierungslos durch den Raum, in dem das ausgebeutete Personal Tische abräumte und Aschenbecher leerte.

»Was kann ich für Sie tun?« Ich hatte mich in die Warteschlange vor einem Schalter eingereiht.

Ein junger Mann in adretter Uniform und mit einem niedlichen Käppchen auf dem Haupt hatte mir diese Gewissensfrage gestellt.

»Pommes frites«, stammelte ich. »Eine doppelte Portion.«

»Wird erledigt.«

Ich peilte nochmals die Lage. Keine Gefahr, schoss es mir durch den Kopf, jetzt oder nie. Das Geld hatte ich in der Hand, nur schnell weg hier, wenn die Übergabe erfolgt war.

Schwer atmend stand ich einige Augenblicke später auf der Fußgängerzone. Geschafft! Leider prangte auf der Papiertüte unverkennbar das provozierende Logo des Fast-Food-Konzerns, jeder konnte sehen, wo ich gewesen war.

Panisch kramte ich in meiner Handtasche nach einem neutralen Blatt Papier. Ich fand schließlich den Ausdruck einer Agenturmeldung vom Tod Ali Tabibis. Ich faltete daraus eine Spitztüte und schüttete meine Kartoffelbeute hinein.

Gerade noch rechtzeitig. »Hallo, Grappa!«

Ich schreckte herum.

Es war Peter Jansen.

»Ich will schnell einen Happen essen«, tat er kund. »Kommst du mit?« Er deutete mit dem Kinn auf die Fassade des Fast-Food-Konzerns.

»Ich?«, empörte ich mich. »Kein Gedanke! Weißt du nicht, wie das Personal in diesen Läden ausgebeutet wird?

Und jeden Tag werden Tausende Hektar von Tropenwald vernichtet, damit die Rinder für die Hamburger dort weiden können. Um nichts in der Welt würde ich …«

»Entschuldige, Grappa«, grinste Jansen. »Ich will natürlich nicht, dass du gegen dein Gewissen handelst. Aber die machen halt so gute Pommes. Die sehen fast so aus wie die, die du da vor mir zu verstecken versuchst.«

»Was unterstellst du mir …« Ich bemühte mich, entrüstet zu sein.

»Hallo, meine Dame«, sagte eine Stimme. Vor uns stand der junge Mann in der Fast-Food-Uniform. »Sie bekommen noch Geld zurück.«

»Meinen Sie mich?«, fragte ich erstaunt.

»Ja. Sie haben mit zehn Mark bezahlt, als Sie die doppelte Portion Pommes gekauft haben. Und dann waren Sie so schnell weg …«

»Ist ja gut«, sagte ich schnell. »Den Rest können Sie behalten. Haben Sie noch nie im Leben Trinkgeld bekommen?«

Heimliche Pommes frites –
nicht ein Stäbchen wie das andere ...

Für vier Personen

Zutaten:

800–1000 g	festkochende Kartoffeln
¾ l	Sonnenblumenöl oder Pflanzenfett zum Frittieren

<u>Pommesgewürz:</u>

2 EL	grobes Meersalz
½ TL	getrockneter Rosmarin
2	schwarze Pfefferkörner
	Alles in der elektrischen Kaffeemühle nicht allzu fein mahlen

Zubereitung:

Kartoffeln schälen, waschen und zunächst in 1 cm dicke Scheiben, dann in nicht zu dünne Stifte schneiden. Mit Küchenpapier trockentupfen. Den Backofen auf 100°C Ober- und Unterhitze schalten.

Das Öl oder Fett zum Frittieren in einem weiten Topf stark erhitzen. Zur Probe den Stiel eines Holzkochlöffels hineinhalten. Es müssen sich rundherum gleich viele Bläschen bilden, dann ist die Fetttemperatur richtig. Die Hitze auf mittlere Stufe zurückschalten. Die Kartoffeln in zwei bis drei Portionen im heißen Fett 3 Minuten frittieren. Mit dem Schaumlöffel herausheben und auf einer dicken Lage Küchenpapier abfetten lassen.

Das Fett noch einmal richtig heiß werden lassen. Pommes darin erneut 1–2 Minuten frittieren, bis sie knusprig sind. Herausheben, auf Küchenpapier abfetten, in einer Edelstahlschüssel mit etwas Gewürzsalz bestreuen und gegebenenfalls im Backofen warmstellen.

Anmerkung:

Längliche Pommes findet man überall, im mediterranen Raum trifft man oft auch auf Pommes frites in dünnen Scheiben.

Die Frittierzeit in Aktivfritteusen (minimale Fettzufuhr) erhöht sich erheblich. Hier bitte die Herstellerhinweise des Gerätes beachten.

Grappa-Baby

Dieser Fall geht selbst Maria Grappa unter die Haut: Vor fünf Monaten verunglückte Kristin Faber so schwer, dass sie seitdem im Koma liegt. Und nun hat man festgestellt, dass die Kranke im dritten Monat schwanger ist. Wurde sie im Krankenzimmer vergewaltigt?

Doch Grappa hat noch eine andere Baustelle. Ihr junger Freund Nik Kodil betrügt sie, und das hat Einfluss auf ihre Essgewohnheiten: Es muss teuflisch und heiß sein – besonders bei Grappas Lieblingspizza.

Ziemlich niedergeschlagen erreichte ich die Redaktion. Ich fühlte Geborgenheit, hier war ich fast mehr zu Hause als in meiner Wohnung, in der ich mit einem Mann lebte, der schon nach so kurzem Zusammensein begann, mich zu hintergehen, und dabei glaubte, ich würde nicht dahinterkommen.

»Ist was?«, fragte Peter Jansen. »Du siehst ziemlich brummig aus.«

»Ich habe Kristin Faber im Krankenhaus besucht. Es war schrecklich.«

»Kann ich mir vorstellen«, behauptete mein Chef und schob nach: »Hast du ein Foto von ihr?«

»Nein.« Den Knipsapparat in meiner Tasche hatte ich völlig vergessen. »Der Chefarzt war dabei und hat mich bewacht wie ein Luchs.«

»Schade«, meinte Jansen. »Wie wär's mit einem Mittagessen bei *Mamma mia*, bevor du in die Tasten haust? Ich lade dich ein.«

»Gute Idee.« So komme ich auch noch zu einem italienischen Essen, dachte ich bitter.

Die Pizzeria um die Ecke war zu eng, zu schlecht belüftet und ziemlich verqualmt. Wir wählten unseren Stammplatz zwischen Vorspeisenbuffet und der Treppe zum Klo.

»Eine *Pizza diabolo*«, bestellte ich, weil ich plötzlich Lust hatte, mein Inneres mit Pepperoni zu verbrennen.

»Wein?«, fragte Jansen, der eine Calzone geordert hatte.

»Nein, lieber nicht. Aber 'ne große Pulle Pellegrino.«

»Si, Signora«, brabbelte der Kellner, der gar kein Italiener war. Als er noch im Fast-Food-Laden nebenan die Hackklopse traktiert hatte, sprach er fließend Ruhrpott.

»Ich habe einen Anruf von Dr. Hans Burger bekommen«, begann Jansen. »Das ist der Vater von Kristin Faber.«

»Ich weiß. Was wollte er?«

Das Knusperbrot und die Knoblauchbutter rückten an.

»Er hat deinen Artikel gelesen.«

»Wirklich?«, staunte ich. »Ich nehme an, dass er von meiner geschliffenen Sprache hingerissen war.«

»Nicht direkt. Ihm gefällt die Tendenz nicht.« Jetzt war es raus.

»So, so.« Ich biss genüsslich ins Brot, es knackte, ein paar Krümel fielen auf die Tischdecke. Betont langsam fegte ich sie zusammen. Ob Nik und Liesel schon am Aperitif genippt hatten?

»Er hat uns gebeten, etwas sachlicher über den Fall zu berichten.«

Überrascht blickte ich auf. »Was du nicht sagst!«

»Er hat aber im Grunde viel Verständnis dafür, dass uns der Fall seiner Tochter publizistisch interessiert«, machte er weiter den Eiertanz.

»Wir dürfen also tatsächlich noch über den Fall schreiben?«, fragte ich spöttisch.

»Grappa!«, rief Jansen aus. »Nun mach's mir doch nicht so schwer. Der Mann ist fix und fertig. Er liebt seine Tochter abgöttisch und er hofft, dass sie eines Tages wieder aufwacht.«

»Das wird sie ganz bestimmt nicht tun – ihr Gehirn ist teilweise zerstört, und er weiß das auch. Was will er konkret?«

»Er will mit dir reden. Damit du seine Position verstehst und nicht nur mit dem armen Ehemann leidest. Immerhin hat der versucht, seine Frau umzubringen.«

»Dagegen habe ich überhaupt nichts.«

»Dass er seine Frau umbringt?«

»Quatsch. Ich werde mit ihm reden.«

Die Pizzen kamen. Meine war übervoll mit grünen Pepperoni belegt, die durch die Hitze des Pizza-Ofens einige dunkelbraune Flecke verpasst bekommen hatten.

»Ich wusste doch, dass ich mich auf dich verlassen kann, Grappa«, sagte Jansen erleichtert.

»Klar. Als Journalist kannst du nie genug Informationen sammeln. Ich bin mal gespannt, wie er sich die Zukunft seines Enkelkindes vorstellt, wenn es wirklich geboren werden sollte.«

»Der Mann ist sehr katholisch«, erklärte Jansen. »Abtreibung kommt für ihn unter keinen Umständen infrage.«

Ich nahm eine Schote von der Pizza und steckte sie in den Mund.

»Dass du die Dinger einfach so essen kannst«, wunderte sich Jansen und verzog das Gesicht.

»Kein Problem für mich«, keuchte ich.

Die Schärfe begann, meinen Mundinnenraum zu verätzen.

Die Augen tränten, eine Hitzewelle ergriff mich. Ich schloss die Augen und lehnte mich zurück. Das Bild von Nik und Liesel pochte in meinem Gehirn. Ob er denselben Weißwein bestellt hatte, den wir immer tranken? Ob er sie mit Weißbrot fütterte, wie er es bei mir immer tat? Verdammter Schmerz, verfluchter Hass, würdelose Eifersucht.

»War wohl doch ein bisschen scharf?«, hörte ich Jansen sagen.

»Was nicht umbringt, macht härter«, krächzte ich. Meine Augen tränten noch immer. Wenn er mich betrügt, dachte ich, schmeiß ich ihn raus. Aber hochkant.

Teuflische Pizza

Grundrezept Hefeteig für zwei runde Bleche, ∅ 26 cm

Zutaten:

<u>Der Teig</u>

300 g	Weizenmehl Type 550
½ Würfel	frische Hefe
oder 1 Tütchen	Trockenhefe
1 TL	Honig
½	TL Salz
1	Prise Zucker
2 EL	Olivenöl
150 ml	warmes Wasser

Zubereitung:

Ein guter Hefeteig ist das Geheimnis jeder leckeren Pizza! Gründliches Kneten und mindestens 30 Minuten Gehzeit sind die Voraussetzung für einen gelungenen Pizzaboden.

Mehl in eine ausreichend große Schüssel sieben. Hefe in eine Ecke bröckeln. Honig dazugeben und etwa ⅓ der Wassermenge. Salz und Öl in eine andere Ecke geben.

Nach 5 Minuten alle Zutaten mit dem Rest Wasser gründlich verkneten. Gut 30 Minuten gehen lassen, bis der Teig porig auf das Doppelte der ursprünglichen Menge aufgegangen ist.

Den Backofen auf 220°C Pizzastufe vorheizen. Die Pizzaform mit etwas Olivenöl ausstreichen. Teig ausrollen und in die Form legen.

Zutaten:

Die Soße

½ Dose (200 g)	Pizzatomaten vermischen mit
1 EL	Tomatenmark
3–4	Spritzer Tabasco
	Pfeffer, Salz, Oregano
	Knoblauch (wer mag)
	Mozzarella, gerieben

Zubereitung:

Die Pizzatomaten mit den Gewürzen vermischen und auf den Teig geben. Anschließend mit geriebenem Mozzarella (Menge nach Geschmack) bedecken.

Pizza ca. 15 Minuten backen, bis der Käse schön geschmolzen ist und Blasen wirft.

Anmerkung:

Die Pizza erhält die notwendige Schärfe auf unterschiedlichem Weg. Vegetarisch erreicht man sein Ziel mit Ringen von Chilischoten in Olivenöl, frischen grünen oder roten Peperonis oder Jalapeños aus dem Glas. Für nicht Veggies eignet sich zusätzlich eine Chili-Salami dünn aufgeschnitten.

Zu bunt für Grappa

Unter der Sonne Südfrankreichs lernt Maria Grappa einen faszinierenden Mann kennen, entflammt für die Gemälde van Goghs, wird von einem braunen Hund verfolgt und erlebt hautnah den angeblichen Doppelselbstmord eines deutschen Ehepaares. Die Behörden legen den Fall schnell zu den Akten. Grappa jedoch hat erhebliche Zweifel: Ist es wahrscheinlich, dass sich jemand umbringt, der gerade Lammfilets in Marinade eingelegt hat?

Am Abend vor diesem Morgen setzte ich die Serie meiner Beobachtungen fort. Der Mann hatte die Rotweinflasche behutsam auf den Steintisch gestellt, die Frau trat zu ihm – in der Hand die beiden Weingläser. Ich hörte auch jetzt wieder das melodische Klingen, als Glas auf Stein traf.

Am Abend vor diesem Morgen hatte das Paar eines jener Gespräche geführt, die mir durch vertraute Gesten und harmonische Stimmlage seit Tagen bekannt waren. Niemals fiel ein unwirsches Wort, da war kein Satz, der nach Streit klang, ich hörte weder aufgeregte Töne, noch sah ich bedrohliche Bewegungen.

Meiner Beobachtungen müde hatte ich mich ins Bett gelegt, doch im Morgengrauen schreckte ich plötzlich aus dem Schlaf auf. Es war die Stunde, zu der der Himmel sachte blaute, erste Lichter in den Häusern angeknipst wurden, frühe Vögel mit ihrem Lied begannen. Ein Hund bellte.

Der Schrei der Frau spaltete den Morgen in zwei schroffe Stücke. Dann fielen die beiden Schüsse.

Nach den ersten Ermittlungen der französischen Polizei hatte der deutsche Tourist seine Lebensgefährtin zunächst niedergeschlagen, ihr anschließend in den Kopf geschossen, sich den Lauf des Revolvers an den Schädel gesetzt und abgedrückt.

Mord und Selbsttötung also. Die Suche nach dem Motiv gestaltete sich schwierig.

Ich horchte in der Nachbarschaft herum. Es gab keinen Abschiedsbrief, keinen Hinweis auf einen vorausgegangenen Kampf, nicht die Spur einer Meinungsverschiedenheit, die in dieser Katastrophe hätte enden können. Das Ferienhaus, das die beiden gemietet hatten, war sauber und aufgeräumt, sogar die Betten waren gemacht – recht ungewöhnlich für diese frühe Stunde. Die Kleider hingen ordentlich im Schrank, im Bad entdeckten die Ermittler eingeweichte Wäsche, im Kühlschrank Lammfilets in Olivenölmarinade und einen runden, göttlichen Käse in Eichenblättern namens *Banon*, den auch ich fast jeden Abend zum Dessert nahm.

Die Polizei informierte die deutsche Botschaft, die Leichen wurden fortgebracht und zwei Tage später erschien mir alles wie ein albtraumhafter Spuk, der in dieser von alten Geschichten und verwunschenen Ruinen geprägten Gegend durchaus einen Platz verdient hatte.

Was ich jedoch nicht begriff, war mein Interesse an den Toten. Ich hatte sie beobachtet, sogar ausgeforscht, ihnen gar nachspioniert bei ihren Spaziergängen im Dorf. Bei ihren Besuchen in Restaurants hatte ich mich am Nebentisch platziert, in Andenkenläden hinter Postkartenständern versteckt, um sie ungestört beobachten zu können.

Niemals jedoch hatte ich etwas entdeckt, was dem Bild eines gewöhnlichen Touristenpaares widersprach. Meine Anteilnahme an den beiden lag also in mir selbst begründet, und das machte mich ein wenig konfus.

Sechs Tage nach dem Vorfall zogen neue Leute in das Haus gegenüber ein. Natürlich hatte der Besitzer eine gründliche Reinigung der Räume in Auftrag gegeben. Geschosse, die durch Münder in Gehirne gelangen, verursachen unschöne Spuren an Wänden und Möbeln.

Die neuen Mieter nahmen die Rolle der beiden Toten ein. Auch sie tranken abends Wein am Tisch aus Stein, auch sie sprachen freundlich und unaufgeregt miteinander.

Marinierte Lammfilets

Für zwei Personen

Zutaten:

2   Lammfilets à 180 g
1   Schalotte, kleingehackt

1	Knoblauchzehe, kleingehackt
1 TL	Paprikapulver
6 EL	Olivenöl
1	Zitrone, Schalenabrieb
1 EL	Honig
1	Chilischote entkernt, in Streifen geschnitten
3 EL	frische Kräuter (Blattpetersilie, Koriandergrün, Pfefferminze) Pfeffer, Salz

Zubereitung:

Die frischen Lammfilets in eine flache Schale oder auf eine Servierplatte legen.

Die Zutaten für die Marinade vermischen und die Fleischstücke damit von allen Seiten bestreichen. Mit Frischhaltefolie abdecken und 2–3 Stunden kalt stellen.

Es empfiehlt sich die Zubereitung auf dem Holzkohlengrill: Die Filets von beiden Seiten gut bräunen und dann 3 Minuten von jeder Seite nachziehen lassen.

Die Zubereitung in der Pfanne ist auch möglich. Nach dem Braten ebenfalls von beiden Seiten 3 Minuten nachziehen lassen.

Besonders gut gelingen die Filets, wenn man sie nach dem Grillen oder Braten in Alufolie wickelt und noch 15 Minuten bei 80°C im Backofen ruhen lässt.

Dazu passen Zitronenkartoffeln und zarte grüne Bohnen (warm oder als Salat).

Anmerkung:

Koriandergrün wird manchmal wegen seines starken Dufts auch als Wanzenkraut bezeichnet. Es ist Bestandteil vieler orientalischer und asiatischer Gerichte. Koriander ist in gut sortierten Lebensmittelmärkten oder auf dem Markt erhältlich. Neben dem Kraut werden auch die getrockneten Samen verwendet, die aber eher einen zitronigen Duft haben.

Grappa und das große Rennen

Mörderischer Beginn des Kommunalwahlkampfs in Bierstadt: Die große Hoffnung der Bierstädter SPD lässt sich mit einer Straßennutte ein, lügt wie gedruckt und landet tot im Blumenbeet des Rathauses, bekleidet mit einem Sadomaso-Outfit. Das spielt der CDU in die Hände. Maria Grappa überprüft die Alibis der beteiligten Politiker, und das kann sie am besten bei einem mehr oder weniger entspannten Mittagessen beim Italiener …

Nagel hatte einen Tisch im hinteren Teil des Raumes reserviert – genau das Richtige für ein Gespräch über Mord und Mörder. Ich kannte das Restaurant, es war gut und teuer, manchen netten und weniger netten Abend hatte ich hier schon verbracht.

»Also – warum horchen Sie meinen Fahrer aus?«, eröffnete Nagel die Partie.

»Weil ich wissen wollte, wo Sie am Mittwochabend waren.«

»Warum gerade Mittwoch?«

»An diesem Tag ist ein Mord geschehen.«

»Ich weiß.«

Der Kellner stand vor uns und fragte, ob wir einen Aperitif wünschten.

»Einen Prosecco für die Dame, für mich einen trockenen Sherry«, sagte Nagel, ohne mich gefragt zu haben. Das ›Bitte‹ schenkte er sich – es schien ein faktenorientiertes Mittagessen zu werden.

»Kannten Sie Dr. Lika – und wenn ja, wie gut?« Jetzt war ich dran.

»Natürlich kannten wir uns. Lika gehörte zur Bierstädter Prominenz. Ein unangenehmer, aufdringlicher Mensch. Niemand, mit dem ich befreundet sein wollte.«

»Er war also keiner Ihrer Freunde?«

»Liebe Frau Grappa«, sagte Nagel hart, »ich kann es mir in meiner Position nicht leisten, mit jemandem befreundet zu sein, der einen Sadomaso-Club betreibt.«

»Ihre Genossen Junghans, Manthey und Knaup sahen das aber viel lockerer«, stellte ich fest. Der Prosecco wurde vor mich gestellt, ich nahm einen Schluck.

»Was habe ich mit der Freizeitgestaltung meiner Parteigenossen zu tun?«

»Natürlich nichts«, gab ich zu, »zumal den dreien das auch nicht gut bekommen ist. Sind Sie eigentlich froh, dass das Trio nicht mehr da ist?«

»Ich habe Ihnen schon mal gesagt, dass Mord in meiner Wahlkampfstrategie nicht eingeplant ist. Aber ich gebe zu, dass ich den Verlust gut verschmerzen kann.«

»Schön, dass Sie so ehrlich sind«, lächelte ich. »Und jetzt will ich wissen, wo Sie am Mittwochabend waren.«

»Sie glauben, dass ich diesen Lika erschossen habe, nicht wahr?«

»Sie haben Ihrem Fahrer am Mittwoch freigegeben, haben den Wagen aber benutzt. An den Reifen klebte Erde – Waldboden. Also wo waren Sie?«

Nagel sah mich an, lächelte maliziös, nippte an seinem Sherry. Ich hielt den Atem an.

»Ich bin ins Grüne gefahren«, antwortete er. »Frische Luft schnappen – ein paar Kilometer laufen. Ich hatte genug von stickigen Sälen, dummen Fragen und nervenden Genossen.«

»Können Sie das beweisen?«

Nagel lachte. »Liebe Frau Grappa«, sagte er – noch immer heiter. »Ich glaube nicht, dass ich das beweisen muss. Sie haben zwar ein großes Talent zur Inquisition – aber warum sollte ich Ihnen antworten?«

»Weil Sie mir antworten wollen«, sagte ich. »Sonst hätten Sie diesen Termin nicht vorgeschlagen, oder? Wenn es nämlich jemanden gibt, der für alles und jedes gute Gründe hat, dann sind Sie es. Habe ich recht?«

»Okay«, räumte er ein. »Fragen Sie – ich werde antworten.«

»Mit wem waren Sie am Mittwochabend zusammen?«

»Ich habe mich mit Gregor Gottwald getroffen. Wir haben über die Zukunft geredet.«

»Über seine – oder Ihre?«

»Über unser beider Zukunft. Hier – ich habe die Rechnung des Restaurants mitgebracht.«

Ich schaute auf den Zettel. Nagel war offensichtlich gut vorbereitet. Da waren mehrere Bier, ein Westfälischer Wurstteller und ein Salat Niçoise aufgelistet, als Nachspeise hatte es zweimal rote Grütze gegeben.

»Gottwald kann also bezeugen, dass er mit Ihnen am Mittwoch zusammen war?«

»Natürlich.«

»Wann waren Sie wieder in Bierstadt?«

»Ich habe gegen 23:30 Uhr das Rathaus betreten. Zu welcher Uhrzeit wurde Lika umgebracht?«

»Die Polizei geht von Mitternacht aus. Im Haus war eine Zeugin, die das bestätigt.«

»Na also«, sagte Nagel zufrieden. »Dann wäre ich ja gerettet. Haben Sie noch weitere Fragen?«

»Was haben Sie um diese Uhrzeit noch im Rathaus gemacht?«

»Ich hatte einige Unterlagen vergessen, die ich brauchte, weil ich am anderen Morgen einen Vortrag vor dem Städtetag halten musste. Die habe ich geholt und sie mir zu Hause angesehen.«

Das erneute Auftauchen des Kellners brachte für mich eine willkommene Pause. Das läuft dumm, Grappa, dachte ich und guckte angestrengt in die Karte. Dann bestellte ich das Übliche: Carpaccio vom Rind auf Ruccolasalat, Ravioli und Lammkarree mit Thymian. Nagel nahm einen Salat aus Artischocken, Gnocci und Lammrücken. Der Kellner trollte sich wieder.

»Wussten Sie, dass Lika ein Kriegsverbrecher war?«

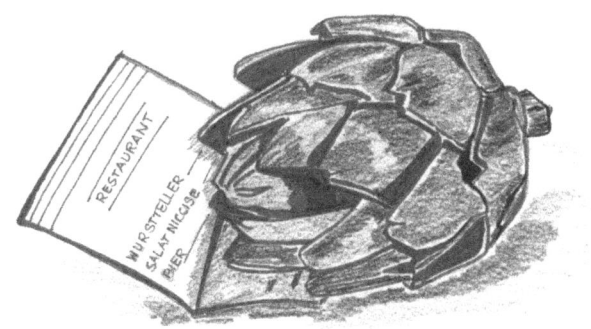

Artischocken mit Alibi

Für vier Personen

Zutaten:

4	dicke, fleischige Artischocken
1	Zitrone, Saft
	Salz

Vinaigrette

150 g	Cocktailtomaten
10	Blättchen Basilikum
2 EL	Balsamico-Essig
8 EL	Olivenöl
1 TL	mittelscharfer Senf
1 TL	Honig
	Pfeffer, Salz

Zubereitung:

Die Artischocken unter fließendem Wasser abbrausen. Den Stiel dicht an den unteren Blättern einfach abschneiden. Die unteren Blätter – sie sind klein und manchmal leicht braun – abzupfen. Von den übrigen Blättern mit der Küchenschere die Spitzen abschneiden.

In einem weiten Topf reichlich Wasser zum Kochen bringen. Zitronensaft und Salz dazugeben. Artischocken hineingeben und mit halb aufgelegtem Deckel bei mittlerer Hitze ca. 30 Minuten garen, bis sie weich sind (testweise ein Blatt abzupfen – es muss sich leicht lösen lassen).

Während die Artischocken kochen, Soße zubereiten: Für die Vinaigrette Basilikumblättchen abzupfen, waschen und trockenschütteln. In Streifen schneiden. Das geht mit einer Schere am besten.

Die Tomaten waschen und fein würfeln, dabei die Stielansätze entfernen. Essig mit Senf, Honig und Basilikum glattrühren, Öl mit einer Gabel unterschlagen. Tomaten dazugeben und mit Pfeffer und Salz würzen.

Die Artischocken mit dem Schaumlöffel aus dem Wasser nehmen und gut abgetropft auf eine Platte legen.

Bei Tisch nimmt sich jeder eine Artischocke auf den Teller, zieht ein Blatt nach dem anderen heraus, tunkt es mit dem fleischigen Ende in die Soße und steckt es in den Mund. Artischockenfleisch mit der Soße zwischen den Zähnen vom Blatt streifen und genießen. Wenn die Blätter ganz dünn werden und nur noch wenig Fleisch zu bieten haben, einfach restlos abzupfen. Darunter liegt das faserige ›Heu‹. Das schneidet man mit dem Messer ab. Zum Schluss kommt das Herzstück der Artischocke, der Boden – für viele das Beste überhaupt. Diesen in Stückchen schneiden und mit der Soße anrichten.

Dazu passt frisches Baguette.

Soßenvarianten: Knoblauch- bzw. Zitronenmayonnaise oder Kräutercrème mit Kerbel

Anmerkung:
Artischocken sind essbare Blütenknospen einer Distel aus dem Mittelmeerraum. Eine Delikatesse ist der Artischockenboden, der auch gefüllt und als Salat serviert wird.

Flieg, Grappa, flieg!

Im Zoo ist alles außer Kontrolle und auch Maria Grappa ist nicht zu bändigen. Die Reporterin macht Bekanntschaft mit frei laufenden wilden Tieren und einigen toten Callboys. Und sie lernt einen Mann kennen, der viel Schlimmes erlebt hat, trotzdem Gedichte schreibt und einem zarten Kaninchen in Senfschaum einiges abgewinnen kann.

»Sie werden es immer wieder versuchen«, prophezeite Simon Bator. »Solange der Boden in diesem Land fruchtbar ist für Gewalt und Hass, wird es immer Menschen geben, die beim Wort ›deutsch‹ an Hakenkreuze, Springerstiefel und Glatzen denken und das herrlich finden. Deshalb werden Menschen wie ich auch niemals aufhören, wachsam zu sein.«

»Braver Junge«, sagte ich.

»Findest du das nicht okay?«, fragte er erstaunt.

»Ich weiß, dass du nicht anders kannst«, räumte ich ein. »Aber es gibt noch andere Dinge auf der Welt. Das Leben ist nämlich schön.«

»Ich hörte davon«, meinte er.

Wir saßen in meiner Wohnung. Ich hatte ihn zum Essen eingeladen, es gab frische Petersilienwurzelsuppe, Pasta mit Chilischoten und Öl, Kaninchen in Senfschaum und Kartoffelgratin. Dazu passte eine Flasche Vino tinto aus dem Navarra-Gebiet.

Ich liebte Essgelage nach erfolgreicher Arbeit. Den ganzen Tag hatte ich eingekauft, Gemüse geputzt, Fleisch gehäutet und dabei Musik gehört. Irgendeine heitere Tafelmusik von

Telemann. Barockklänge passen gut zum Kochen – sie sind so gemäßigt, dass keine Gefahr besteht, sich bei einem flotten Andante den Daumen abzusäbeln.

Meine Laune war also bestens. Die Suppe und die Pasta hatten wir bereits erfolgreich hinter uns gebracht.

»Als Foster drohte, mich zu erschießen, habe ich es bedauert, dass wir keine gemeinsame Zeit mehr haben würden«, gestand ich und holte das Kartoffelgratin aus dem Backofen. Es hatte die korrekte Bräune, duftete und brodelte wie verrückt.

»Und nun? Was denkst du jetzt?« Bator stand nun auch in der Küche und betrachtete mein kulinarisches Kunstwerk mit zurückhaltendem Interesse.

»Dass wir die Zeit vielleicht hätten.«

»Ich werde mein Buch zu Ende schreiben und dann auf eine Vortragsreise gehen.«

»Ich verstehe.«

Ich nahm das Tablett mit dem Gratin und dem zerstückelten Karnickel und trug es zum Esstisch.

»Möchtest du mich danach wiedersehen?«

»Guten Appetit«, wünschte ich. »Pass auf deine Finger auf – du könntest sie dir verbrennen.«

Er füllte seinen Teller. Mir fiel wieder auf, wie schön und männlich seine Hände waren.

Ich schaute ihn an. Bator wäre der Richtige für mich, dachte ich. Er war intelligent, gebildet, ein Kämpfer, er ließ sich von mir nicht eintüten und war wild und spontan beim Sex. Die Narbe im Gesicht und das steife Bein störten mich nicht – irgendwo hinterlässt die Geschichte halt ihre Spuren– das war nun mal so.

Aber irgendetwas passte trotzdem nicht.

»Warum antwortest du nicht auf meine Frage?«, fragte er. Ich merkte, dass er unter Spannung stand.

»Ich denke nach.«

»Du musst so lange darüber nachdenken, ob du mich wiedersehen willst?«

»Kannst du mir bitte mal das Salz reichen?«

Er tat es. Ich würzte ordentlich nach.

»Grappa! Was ist los?«

»Ich versuche herauszufinden, was zwischen uns nicht stimmt.«

Er blickte mich an, trotzig und traurig zugleich

»Ich sehne mich nach Licht, Heiterkeit und Wärme«, erklärte ich. »Und ich will ein bisschen Spaß am Leben haben. Findest du das verwerflich?«

»Nein. Nur oberflächlich.«

Der Schlag saß.

»Ich habe das Gefühl, dass sich die Welt in einen Haufen von Gewalt, Schmutz und Abfall verwandelt, wenn ich länger mit dir zusammen bin. Du verscheuchst die Leichtigkeit, die ich so mag.«

»Ich bin nicht schuld an meinem Leben – so wie es gelaufen ist.«

»Das weiß ich doch. Ich kann dein Unglück aber nicht vertreiben – weil du an ihm festhältst.« Mir ging das Gedicht durch den Kopf, das er geschrieben hatte, als er jung war. Ich konnte es inzwischen auswendig.

»Es ist ganz allein mein Unglück«, sagte Simon bestimmt. »Du hast damit nichts zu tun.«

»Genau diese Distanz meine ich! Du willst dein Unglück für dich allein und ich soll dir nicht wirklich nahe kommen.«

»Mein Gott, bist du kompliziert.«

»Ich dachte, ich sei oberflächlich.«

Wir schwiegen eine Weile. Das Gratin hatte aufgehört zu brodeln, über der Senfsoße spannte sich eine Haut.

»Möchtest du mal hören, wie ich mich fühle, wenn ich mit dir zusammen bin?«, fragte ich.

Er sah mich mit verhangenem Blick an.

Ich stand auf, schaltete den CD-Player ein und griff nach einer Disc.

Wenig später erfüllte Geigenmusik den Raum.

Das Stück war nicht lang.

»Jetzt weiß ich, was du meinst«, sagte er leise.

»Der Komponist heißt Samuel Barber. Das ist das einzige Stück, das ich von ihm kenne. Es heißt *Adagio for Strings*.«

»Traurig und hoffnungslos, aber innig und schön. Schmerzhaft wie eine Wunde, die immer wieder aufreißt.«

»Ich werde immer an dich denken, wenn ich das Adagio höre«, versprach ich. »Und ich höre es ziemlich oft. Wie wär's mit einem Espresso?«

Kaninchen in Senfschaum und mit Geigenklang

Für zwei Personen

Zutaten:

1	Kaninchen küchenfertig zerlegt, ca. 1200 g ohne Kopf, 5 Teile
1	Zitrone, Schalenabrieb
5	Schalotten
2	Knoblauchzehen
3 EL	frischer Estragon, gehackt
3 EL	Dijon-Senf
3-4 EL	Olivenöl

200 ml	Weißwein (im Rezept getestet:
	Elsässer Riesling)
250 ml	Hühnerbrühe
1 EL	Butter
100 ml	Sahne
	Pfeffer, Salz

Zubereitung:

Backofen auf 175°C Ober- und Unterhitze aufheizen. Die Kaninchenteile unter kaltem Wasser abwaschen, gut trockentupfen und rundum mit Salz und Pfeffer würzen.

Schalotten und Knoblauch schälen und beides klein würfeln. Die Kräuter waschen und fein hacken. 1 EL gehackten Estragon mit dem Senf verrühren.

In einem Bräter 2 EL Öl erhitzen und die Kaninchenteile darin rundherum bei mittlerer Hitze braun anbraten. Fleisch herausnehmen, Schalotten und Knoblauch anbraten und goldgelb dünsten. Mit der Hälfte des Weins ablöschen und auf die Hälfte einköcheln lassen.

Die Kaninchenteile rundherum mit ²/₃ der Kräutersenfmischung einreiben und in den Bräter legen. Wein und Brühe angießen und im Backofen auf der zweiten Schiene von unten (bei vier Ebenen, sonst ganz unten) einlegen. 15 Minuten ohne Deckel garen.

Den Bräter zudecken und 50 Minuten weitergaren. Die Fleischstücke nach der Hälfte der Zeit wenden und mit dem restlichen Senf bestreichen.

Nach der Garzeit die Kaninchenteile in Alufolie wickeln und warmlegen. Die gesamte Soße aus dem Bräter in einem hohen Rührbecher mit der Butter und der Sahne aufpürieren. Eventuell mit Pfeffer und Salz abschmecken. Den restlichen Estragon zufügen.

Soße und Kaninchenteile in den Bräter zurückgeben, gemeinsam noch einmal vorsichtig erhitzen und anschließend sofort servieren.

Dazu passen Kartoffelgratin und Feldsalat mit Vinaigrette.

Grappa und die acht Todsünden

Sieben Leichen an einem reich gedeckten Tisch, sieben Todsünden, ein schwarzer Kater und eine quietschblonde Frau, zwei attraktive Männer und mittendrin Maria Grappa. Die Reporterin begibt sich auf die Suche nach einem religiösen Fanatiker und der achten Todsünde. Dass diese Suche ab und zu auch in gute Restaurants führt, erleichtert Grappa die Arbeit.

Bei manchen Männern ist allein der Anblick empfängnisverhütend, doch Georg Mahler gehörte nicht zu diesem vielköpfigen Heer.

Er begrüßte mich – mit einem Lächeln und einem echten Handkuss. Er versicherte mir, welches Vergnügen es für ihn sei, mich zu sehen. Sein Blick wanderte zu meinem Ausschnitt, als er mir aus dem Jackett half.

»Hoffentlich können Sie das auch noch am Ende des Abends sagen«, entgegnete ich. Er musste so um die fünfzig sein, ein großer schwerer Mann mit leichtem Bauchansatz, kräftigen Armen und breiten Händen. Das Haar war dunkelbraun, über der Stirn etwas schütter, an den Schläfen angegraut. Seine Gesichtszüge waren markant, der Blick spöttisch und die Brille intellektuell. Als Gesamtkunstwerk durchaus akzeptabel.

Der Kellner brachte die Speisekarten. Mahler schien hier bekannt zu sein, denn er wurde mit »Professore« angeredet. Welche Art Professor er wohl war?

Der Abend war ja dazu da, auch das rauszukriegen.

Wir hatten gewählt. Ich entschied mich für Carpaccio

vom Rind, Pasta mit Chili und Lammschulter mit Thymian. Mahler folgte meiner Auswahl – bis auf die Vorspeise; er favorisierte gefüllte Champignons. Als Getränk bestimmte er einen bejahrten Vino nobile de Montepulciano.

»Aperitif?«, fragte er.

Ich hatte Lust auf Campari mit Zitrone und Eis.

Im Hintergrund perlten die Töne eines italienischen Schmalzbarden – zum Glück gedämpft.

»Was verstehen Sie eigentlich vom Sündigen, Frau Grappa?«

Die Frage kam unvermittelt.

»Ich bemühe mich, auf meine Kosten zu kommen«, antwortete ich und hob das Glas mit dem Drink.

»Bevorzugen Sie lässliche Sünden oder eher Todsünden?«, lächelte Mahler. Er prostete mir zu.

»Nimmt die Kirche nicht alles, was sie kriegen kann?«, fragte ich und nippte.

»Und? Welche Sünde begehen Sie am liebsten?«, wollte er wissen.

»Da bin ich flexibel. Heute Abend die Völlerei, gestern war's der Zorn, morgen ist vielleicht die Trägheit an der Reihe. Und wie ist es mit Ihnen? Sind Sie genauso verdorben wie ich?«

»Ich glaube, dass ich gut mit Ihnen mithalten kann, Verehrteste!«, behauptete Mahler.

»Na, dann hätten wir das ja schon mal geklärt. Ich mag es, wenn Männer mit mir mithalten können – und zwar nicht nur auf dem Gebiet der Sünde«, kokettierte ich.

»Und welche Anforderungen stellen Sie noch an Männer?«

»Ich finde es hinreißend, wenn Männer mit Messer und Gabel essen können und den Namen des Weines, den sie bestellen, auch richtig aussprechen können.«

»Sie sind aber eine bescheidene Frau!«

»Ach, wissen Sie«, seufzte ich, »das Leben hat mich bescheiden werden lassen.«

»Und? Hab ich denn wenigstens den Namen des Weins richtig ausgesprochen?«

»Keine Ahnung«, antwortete ich. »Ich kann kein Italienisch.«

»Dann will ich mich mal anstrengen, dass das mit der Handhabung von Messer und Gabel klappt«, kündigte er an.

»Welche ist denn Ihre bevorzugte Sünde?«, fragte ich.

»Ich liebe die Frauen«, sagte Mahler mit einem lasziven Unterton. »Ich glaube, mit der *voluptas corporis* habe ich die meisten Probleme. Und die meisten Freuden.«

Mahler fixierte mich, sehr direkt, sehr indiskret. Ich bemerkte, dass in seinen Pupillen schwarze Pünktchen waren und dass ein leichter Schleier über seinen Augen lag – es waren keine Kater-Tiefsee-Opalaugen.

»Mit der Wollust verhält es sich nämlich so: Je mehr man ihr nachgibt, umso heftiger will man sündigen. Verstehen Sie, was ich sagen will?«

»Ich kann Ihnen intellektuell noch folgen.«

Es sollte zickig klingen. Ich merkte, dass mir irgendetwas nicht gefiel, aber was?

Er geht zu ergebnisorientiert vor, schoss es mir durch den Kopf, so, als habe er keine Zeit zum Flirten. Das konnte ich noch nie leiden.

Das Prickelnde am Beginn einer Bekanntschaft mit erotischen Vorzeichen ist das Spiel mit Worten und Blicken, der schnelle witzige Dialog zwischen zwei Menschen, die noch nicht genau wissen, ob der Weg ins Bett oder in die Leere führt. Und gerade diese Unsicherheit macht das Spiel so erregend.

Der Kellner rückte wieder an, diesmal mit Brotkorb und Knoblauchbutter.

»Einer Liebe, die nur in Wollust ihren Ursprung hat, fehlt aber die Tiefe. Deshalb ist sie meist auch nicht von langer Dauer«, dozierte der Professor. »Aber Asmodi, der Dämon, der uns versuchen will, lässt eben nicht locker.«

»Ich weiß, wovon Sie reden«, gab ich zu und ließ ein knuspriges Stück Brot in meinen Mund gleiten. Die Butter vereinigte Salz und Knoblauch in einem angemessenen Verhältnis. »Mit manchen Männern muss man allerdings nicht länger als nötig zusammen sein. Man feiert das Fest der *voluptas corporis* – und tschüss. Da hat Asmodi schon recht.«

»So sehen Sie das also.«

»Sie etwa nicht?«

»Doch«, gab er zu. »Mit manchen Männern sollte man wirklich nicht länger als nötig zusammen sein.«

Sündhafte Lammschulter mit Thymian

Für zwei Personen

Zutaten:

1	Lammschulter (ca. 650 g)
1 Bund	Suppengemüse (Möhre, Porree, Sellerie)
1	Knoblauchzehe, geviertelt
3	große Frühlingszwiebeln (nur das Weiße abschneiden und vierteln)
3 Zweige	Thymian
1 EL	Tomatenmark
1 EL	Olivenöl
100 ml	Weißwein
300 ml	Hühnerbrühe
1 TL	kalte Butter

Zubereitung:

Backofen auf 180°C aufheizen. Rost auf unterster Ebene einlegen.

Olivenöl in einem Bräter erhitzen. Lammschulter mit Pfeffer und Salz einreiben und von allen Seiten braun anbraten. Fleisch herausheben. Das klein geschnittene Suppengemüse, Zwiebeln, Knoblauch sowie das Tomatenmark anrösten. Mit Wein und Hühnerbrühe ablöschen. Das Fleisch dazulegen. Die Kräuter in die Soße legen. Den Bräter auf das Rost in den Ofen stellen. Nach 10 Minuten die Temperatur auf 120°C runterschalten.

60 Minuten garen. Dabei das Fleisch gelegentlich mit dem Sud begießen.

Fleisch herausnehmen und warmlegen. Kräuterzweige aus der Soße entfernen. Zwei Esslöffel Gemüse rausnehmen und beiseitestellen.

Kalte Butter zur Soße geben und mit dem Pürierstab aufmixen. Eventuell noch einmal mit Pfeffer und Salz abschmecken. Die Soße soll samtig weich schmecken (eben sündhaft).

Zum Servieren Fleisch aufschneiden, mit Soße und Gemüse umlegen. Dazu passen Krönchen von Kartoffel- oder Möhrenpüree (mit der Spritztüte auf den Teller dekoriert).

Grappa im Netz

Reporterin Maria Grappa macht einen Abstecher zum Privat-TV und soll eine Flirtshow für das Regionalfernsehen konzipieren – und das macht ihr gar keinen Spaß. Viel lieber würde sie Bierstadts Oberbürgermeister suchen, der im Jemen verschollen ist.

Doch auch die Kochshow des Senders ist nicht ohne – besonders, wenn sich eine Schwarzwurzeltarte mit einer Hühnerleber unterhalten soll.

Die Analyse lag vor uns. Sie basierte auf zweitausend Zuschauern, die sich einen Decoder an ihr Gerät hatten anschließen lassen, damit die Werte an eine Firma für elektronische Medienanalysen weitergeleitet werden konnten. Der Rest der benötigten Daten wurde durch telefonische Zufallsbefragungen ermittelt – und landete per E-Mail in Heckes Büro. Der Sender brauchte diese Zahlen, denn sie waren bares Geld wert. Immerhin richteten sich die Preise für die Werbekunden danach.

»Knapp eine Million. Eindeutig zu wenig. Im Konkurrenzprogramm lief das Champions-League-Spiel – das hat die Quote bei allen gedrückt. Auch die Öffentlich-Rechtlichen haben darunter zu leiden gehabt. RTL hatte mit seiner Millionärs-Show wieder mal den größten Marktanteil.«

»Da können wir mit unseren TV-Fun-Regenschirmen nicht mithalten«, warf der Kulturredakteur ein. »Und die Polaroidkamera bei unserem Straßenrätsel reißt es wohl auch nicht raus.«

»Wir können uns Formate mit hohen Preisgeldern nicht

leisten«, stellte Thaurus von Massenberg fest. »Wir legen Wert auf ein Qualitätsprogramm, in dem es um Inhalte geht.«

Beifallheischend sah er seine Chefin an. Mir wurde übel, ich konnte unterwürfige Menschen nicht ausstehen.

»Präziser hätte ich es nicht ausdrücken können, lieber Thaurus«, lächelte die Hecke – voller Sarkasmus. »Danke, dass Sie mich immer wieder so perfekt interpretieren! Nun zu den einzelnen Beiträgen. Wetter und Stauprognose liegen – erwartungsgemäß – vorn, es folgen die Regionalnachrichten und das Rezept des Tages, unser beliebter Ruhrpott. Was gab es gestern denn Leckeres?«

Die Frage war an die freie Mitarbeiterin gerichtet, die sich um die Kochsendung kümmerte.

»Schwarzwurzeltarte an Pesto-Sabayon im Dialog mit der Hühnerleber«, antwortete sie brav.

Ich prustete los.

»Frau Grappa?« Dr. Ada Hecke guckte irritiert.

»Ich find's komisch«, grinste ich. »Beim *Bierstädter Tageblatt* hatten wir einen Bombenerfolg mit Pfefferpotthast, Möpkenbrot und süß-sauren Kutteln. Und ich stell mir grad vor, wie das Pesto-Sabayon das Wort an die Hühnerleber richtet und mit ihr in einen Dialog tritt. Was die beiden sich wohl zu sagen haben?«

Auch Peter Jansen lachte. »Sie werden wahrscheinlich die tagesaktuellen Leberwerte diskutieren …«

»Vielleicht singt die Leber auch ein Lied: ›Ich wollt, ich wär im Huhn …‹«, steuerte Barbara Rutzo zum Thema bei.

Jetzt lachten fast alle am Tisch. Fast.

Königspudel Thaurus sah verwirrt zu seiner Chefin und traute sich erst, verhalten zu schmunzeln, als sie die Mundwinkel nach oben zog.

»Es freut mich, dass hier am Tisch so eine gute Stimmung herrscht«, lächelte Dr. Ada Hecke. »Nun schauen wir mal, ob unsere Zuschauer das Programm von gestern im Detail genauso witzig fanden. Also – der Bericht über den Jahresempfang der Industrie- und Handelskammer konnte unsere Kunden nicht begeistern, erst bei den Nachrichten stieg das Interesse wieder. Die Story mit dem Kängurujungen, das aus dem Beutel der Mutter gefallen ist, hatte einen erheblichen Zuspruch. Tiere kommen eben immer gut. Der Bericht war auch sehr liebevoll gedreht – großes Lob für Sie, Frau Rutzo.«

Alle guckten auf Barbara, die entspannt im Stuhl saß.

Der Eiszapfen lobte selten. In den Augen der Reporter, die noch neu waren, blitzte Neid. Für manche lief die Schonzeit bald ab, denn sie lieferten wenig Ideen. Und so groß war der Kuchen nicht, den es zu verteilen galt.

»Nun zu den Themen für unser Regionalmagazin heute Abend. Frau Grappa wird den Film über den verschwundenen Oberbürgermeister machen. Vielleicht bietet sich zu dem Thema sogar ein Studiogast an. Dann sollten wir heute das Firmenporträt über die Technologie-Firma im Industriepark senden. Mit dem Geschäftsführer habe ich telefoniert und er will einige Werbespots schalten. Welches Servicethema steht heute an?«

Die Frage war an den Chef vom Dienst gerichtet.

»Wir senden heute eine weitere Folge des Freibadtestes«, kündigte der Redakteur an. »Und verknüpfen unsere Informationen natürlich wie immer mit einer entsprechenden Internetpräsentation. Dazu plane ich ein Call-in. Die Zuschauer können Infos über ihr Schwimmbad einholen genauso wie Beschwerden oder Lob loswerden.«

»Was sonst noch? Hat noch jemand Themenvorschläge?«
Ada Hecke ließ ihren Blick über die Runde schweifen, ohne jemand Bestimmten zu fixieren.

»Es gibt da einen interessanten Prozess vor dem Amtsgericht«, meinte der Gerichtsreporter. »Ein Mann hat Kautabak auf die Motorhaube des Autos seines Nachbarn gespuckt. Der verklagt ihn jetzt.«

»Und?«, fragte der Eiszapfen

Dialogbereite Schwarzwurzeltarte

Für zwölf Stücke

Zutaten:

1 kg	Schwarzwurzeln
1	Zitrone
4 EL	Butter
	Salz
	frisch gemahlener Pfeffer

	frisch gemahlene Muskatnuss
6	Filoteig-Blätter (aus dem türkischen oder griechischen Supermarkt)
2 Stängel	glatte Petersilie
250 g	Frischkäse
2	Eier
1 EL	Walnusskerne
	Butter für die Form

Zubereitung:

Die Schwarzwurzeln schälen, gut abspülen, in 2 cm lange Stücke schneiden. Besonders dicke Wurzeln noch einmal längs durchschneiden, sodass alle Stücke möglichst die gleiche Größe haben. Schwarzwurzeln sofort in Zitronenwasser legen (mit Einweghandschuhen arbeiten, weil das Gemüse einen hartnäckig klebrigen Saft abgibt, der zudem noch Flecken macht).

Knapp 1 EL Butter in einem Topf erhitzen und die Schwarzwurzelstücke darin etwa 10–15 Minuten mit aufgelegtem Deckel gar dünsten. Mit Salz und Pfeffer würzen und beiseitestellen.

Den Backofen auf 160°C Heißluft vorheizen.

Teigblätter ausbreiten. Die restliche Butter schmelzen lassen und die Teigblätter mit der flüssigen Butter bestreichen. Blätter etwas gefaltet und übereinanderlappend in eine gefettete Backform (38 x 24 cm cm) legen. Den Teig an den Rändern etwa 1-2 cm überstehen lassen.

Petersilie abspülen, trockentupfen und hacken. Petersilie, Frischkäse und Ei verquirlen und mit Salz, Pfeffer und Muskatnuss würzen. Die Walnusskerne grob hacken.

Die Schwarzwurzeln gut abtropfen lassen und in die Tarteform geben, den Guss darüber verteilen. Die Tarte im vorgeheizten Ofen auf der mittleren Einschubleiste etwa 20 Minuten backen. Die gehackten Walnusskerne kurz vor dem Servieren darüberstreuen.

Anmerkung:

Hinweis für Nussallergiker: Probieren Sie kleingehackte, getrocknete Tomaten als Topping!

Wer die Arbeit mit frischen Schwarzwurzeln scheut, kann auch auf die Konserven zurückgreifen. Die Schwarzwurzeln aus dem Glas bzw. aus der Dose sind bereits gar und können gut abgetropft sofort verarbeitet werden.

Im Dialog mit der Pesto-Sabayon

Für vier Personen

Zutaten:

1	frisches Eigelb
6 EL	Noilly Prat (franz. Wermut)
1 Prise	Zucker
1 Prise	Salz
	Pfeffer nach Geschmack

Zubereitung:

Eigelb, Wermut und Zucker in einer Schüssel mit dem Schneebesen verrühren. Die Schüssel über ein Wasserbad halten und alles ständig gut weiterrühren, damit das Eigelb nicht gerinnt. Sobald die Masse schaumig und locker ist, einen Löffel Pesto (siehe unten) untermischen, sofort servieren.

Petersilien-Pesto

Zutaten:

2 Hände voll	glatte Petersilie, kleingehackt
50 g	Parmesan, gerieben
100 g	Walnusskerne, kleingehackt
100 ml	Rapsöl
2 EL	Apfelessig
	Pfeffer, Salz

Zubereitung:

Alle Zutaten in einem großen Mörser miteinander zerkleinern oder in einem Standmixer vermischen.

Das Pesto kann auf Vorrat hergestellt werden und hält sich in einem verschlossenen Marmeladenglas, sofern immer etwas Öl zuoberst liegt, bis zu 3 Wochen.

Grappa und der Tod aus Venedig

Drei Leichen in der Bierstädter Zentrale des Deutschen Gewerkschaftsbundes: Der DGB-Chef wurde erschossen. Reporterin Maria Grappa glaubt zunächst an Rache der Arbeiterklasse, doch dann schlägt der Mörder ein zweites Mal zu. Die Spuren führen nach Venedig – direkt in die Versuchsküche eines Starkochs. Dessen Spezialität sind Eiskreationen. Kann er damit Grappas Spürnase lahmlegen?

Ich versprach es und sie schlenderte zum Kirchenportal. Mit der langstieligen Rose in der Hand überquerte ich den kleinen Platz vor der Kirche, der von einem Kanal begrenzt wurde. Ob Wiesengrundel tatsächlich erscheinen würde? Ich hatte mir seine Fotos eingeprägt, aber es war ja so einfach, das Äußere eines Menschen zu verändern. Ich wusste, dass er ziemlich groß und schwer war. Also starrte ich alle Männer dieses Kalibers an – unmerklich, wie ich glaubte, doch manche hoben ihre Blicke und stierten zurück. Was sie wohl dachten? Warum erlöste mich niemand?

»Madonna!« Baci stand plötzlich hinter mir, war aus einer anderen Richtung gekommen, als ich vermutet hatte. Ich drehte mich um, er griff nach meiner Hand und küsste sie.

Gleich sagt er bestimmt, dass ich bezaubernd aussehe, dachte ich.

»Sie sehen bezaubernd aus, Madonna. Wunderschön.«

Und jetzt sagt er, dass er sich total freut, mich zu sehen.

»Ich bin glücklich, Sie zu sehen, Madonna!«

»Freut mich.«

»Ich habe den ganzen Tag an Sie gedacht«, sülzte er weiter. »In meinem Labor habe ich eine neue Eissorte erfunden und sie *Madonna Grappa* genannt. In der kommenden Saison werden Millionen Menschen Sie mit ihren Zungen streicheln.«

O je, es staubte.

»Wenn die richtige Dosis Grappa in dem Eis ist, fallen die wohl eher ins Koma«, versuchte ich, witzig zu sein.

»Ich habe Peperoni und Grappa kombiniert mit einem Hauch Kardamom und ein wenig Honig. Scharf und süß zugleich. Sie müssen es unbedingt probieren!«

»Ich mag eigentlich nur Himbeereis. Wenn überhaupt. Eis ist ungesund und ein gesundheitliches Risiko. Darin sammeln sich die schlimmsten Keime. Manche Leute sind schon an schlechtem Eis gestorben.«

»Ich werde Sie von meiner Kunst überzeugen, Madonna«, meinte Baci unbeeindruckt von meinen Einwänden. »Gehen wir?« Er reichte mir seinen Arm, ich hakte mich ein, roch Leder und Zimt, spürte die glatte Wolle seines teuren Anzuges.

In der Kirche kaufte Baci zwei Karten. Unauffällig suchte ich Kati, ja, da saß sie, ihre blonden Haare machten es nicht schwer, sie zu finden.

»Wo ist Monteverdis Grab?«, fragte ich.

Er schaute auf die Rose in meiner Hand und verstand. »Wir müssen ganz nach vorn gehen.«

Ganz vorn – da war auch Tizians *Assunta.* Die Farben sahen so frisch aus wie gestern gemalt. *Wo über einem Sturm von Armen sich / die Jungfrau feurig in die Himmel hebt ...* Ja, das war eine treffende Schilderung. Sturm und Feuer und viel Bewegung – ein dramatisches Bild.

»Es ist das Rot Ihrer Bluse«, raunte mir Baci ins Ohr. Dann ließ er mich den Altar betrachten. Mir schien, dass er verstohlen nach etwas oder jemandem Ausschau hielt. Ich erinnerte mich an Katis Warnung und beschloss, sie zu beherzigen.

Nach einigen Augenblicken schob er mich nach links. Wir standen vor einem Gitter, das eine Kapellennische abgrenzte.

»Monteverdis Grab. Sie müssen die Rose da durchwerfen«, erklärte Baci.

Der Meister lag hier seit 1643 im Boden versenkt. Ich nahm die Blume, zielte und gab ihr Schwung. Sie landete genau in der Mitte der verzierten Grabplatte und war die frischeste und schönste aller roten Rosen, die dort hingeworfen worden waren. Gerührt betrachtete ich meine Gabe an den Maestro.

»Sie werden jeden Tag weggeräumt«, erklärte Baci. »In der Hauptsaison sogar drei Mal am Tag. Kein Musikfreund, der Venedig besucht, lässt es aus.«

»Ist doch eine nette Geste, oder?«

»Ja, sicher. Aber wir Venezianer lachen darüber. Noch schlimmer ist es auf San Michele.«

»Die Friedhofsinsel?«

»Ja. Dort liegt nämlich Strawinsky begraben. Und auf dessen Grab landen die kaputtgetanzten Ballettschuhe von Möchtegernballerinen aus der ganzen Welt.«

»Stellt euch nicht so an wegen der paar Blumen und ein paar Schühchen«, frotzelte ich. »Dafür bringen wir doofen Touristen eine Menge Geld in eure kaputte Stadt. Da dürfen wir auch schon mal die Gräber eurer Künstler mit netten Sachen bewerfen.«

»Klar, ohne euch wäre die Stadt wahrscheinlich schon im Meer versunken.«

Eis ›Madonna Grappa‹

Für vier bis sechs Portionen

Zutaten:

300 ml	Vollmilch
300 ml	Sahne
4	Eigelb (sehr frisch)
100 g	Zucker
1	Vanilleschote
1	Chilischote
1 EL	Honig
4 EL	Mokka-Grappa
3 Kapseln	Kardamom
1	Prise Salz

Zubereitung:
24 Stunden vor der Eisbereitung den Kühlbehälter der Eismaschine in das Gefrierfach legen!

Etwa 12 Stunden vor dem Genuss: Milch in einen ausreichend großen Kochtopf geben.

Vanilleschote in Längsrichtung aufschneiden und Mark mit einem Teelöffel herausschaben. Chilischote der Länge nach aufschneiden, Kerne und Trennhäute sowie Stiel entfernen. Vanilleschote und Mark zur Milch geben, ebenso Chili und Kardamomkapseln hinzufügen. Milch zum Kochen bringen. Sofort vom Herd nehmen und 30 Minuten ziehen lassen.

Eigelb, Zucker und Salz in einer Schüssel mit dem Schneebesen des Handrührgeräts oder der Küchenmaschine cremig aufschlagen.

Die Milch wieder zum Kochen bringen und vorsichtig zum Ei geben. Idealerweise gleichzeitig weiterrühren, bis alles wieder glatt ist. Eine Prise Salz und den Mokka-Grappa zufügen, kurz verrühren.

Den Kochtopf ausspülen und die Vanillecreme wieder in den Topf geben. Auf kleiner Flamme rühren, bis die Creme dicker wird und an der Rückseite eines Kochlöffels haften bleibt. In eine Schüssel durchseihen und mit Frischhaltefolie abdecken, um zu verhindern, dass sich eine Haut bildet. Abkühlen.

Wenn die Creme vollständig abgekühlt ist, die Sahne einrühren und in die Tiefkühlschüssel des Eisbereiters füllen. 15–20 Minuten conchieren lassen, bis die Masse fast fest ist (Konsistenz wie Softeis).

In einen Vorratsbehälter (TK geeignet) füllen und etwa 4 Stunden nachkühlen.

Anmerkung:

Das Zubereiten von Eiscreme besteht aus zwei Schritten. Beim Mischen der Zutaten und Conchieren im Kühlbehälter erhält die Eiscreme die Festigkeit von Softeis. Das Reifen findet im Tiefkühlgerät statt. Dort härtet die Eiscreme in 2–4 Stunden aus.

Rote Karte für Grappa

Reporterin Maria Grappa bekommt ein Päckchen, in dem ein abgehackter Fuß in einem roten Stöckelschuh der Größe 45 liegt. Eindeutig ein Männerfuß. Gehörte er dem verschwundenen Starkicker Schwarze Gazelle des Traditionsvereins Schwarz-Gelb 09?

Im Internet findet Grappa interessante Variationen des Themas Hackfuß – auch im Rezeptteil einiger Kochseiten im World Wide Web.

Wenn der Postmann kein Mal klingelt: Wem gehört der schwarze Fuß im roten Schuh?

Wahrscheinlich würde wieder keiner das Spiel mit Zitaten aus dem Filmreich begreifen. Ich überlegte kurz, ob nicht ein gedämpfterer Ton angebracht sei, entschied mich aber dagegen. Jansen würde schon meckern, wenn ich übertreiben sollte.

Das Paket wurde im Morgengrauen von einem Unbekannten vor dem Verlagshaus abgestellt. Ein unauffälliger, quadratischer Pappkasten, adressiert an die Redaktion. Doch als die Redaktionssekretärin die Post öffnete und den Inhalt sah, gefror ihr das Blut in den Adern: In einer durchsichtigen Plastiktüte befand sich ein abgetrennter Fuß.

War es eigentlich ein rechter oder ein linker Fuß gewesen? Leider hatte ich das Bild vom Inhalt der Tüte nicht mehr so genau in Erinnerung.

Das Körperteil gehörte nach ersten Erkenntnissen einem Mann, der im wahrsten Sinne des Wortes auf großem Fuß lebte: Er hat mindestens Schuhgröße 45. Weitere Auffälligkeiten: schwarze Hautfarbe und ein ungewöhnlicher Schuhgeschmack. Der Fuß steckte in einem knallroten Lackschuh mit hohen Absätzen.

Die Spurensicherer der Kriminalpolizei beschlagnahmten die Sendung und brachten den abgetrennten Körperteil in die Gerichtsmedizin. Zu wem er gehörte und ob sein ehemaliger ›Besitzer‹ noch lebte, war noch nicht bekannt.

Gerüchte, dass die Sendung mit der Entführung des brasilianischen Fußballspielers Toninho in Zusammenhang stehen könnte, wollte die Polizei nicht kommentieren, bevor eine Analyse vorlag.

Jansen segnete den Artikel ab und wir entschlossen uns, ein Bild des Stürmers zu veröffentlichen. Unter dem Porträt würde geschrieben stehen: *Gehört der amputierte Fuß der schwarzen Gazelle von Rio? Noch immer keine Spur von Toninho.*

Den Rest des Tages surfte ich im Internet. Vielleicht gehörte das Amputieren eines Fußes zu einem mir unbekannten Ritual.

Es gab viele Einträge zu Amputationen jeglicher Art, aber nichts brachte mich weiter. Es gab sogar ›Rezepte‹. Diese waren allerdings nicht so ganz ernst gemeint und stammten von einer Halloween-Seite:

Aus einem Kilo Schweinemett wird ein großer Fuß geformt. Je nach Geschicklichkeit kann man die Zehen sehr detailliert oder eher modellartiger ausformen. Als Zehennägel kann man zugeschnittene Zwiebelschichten verwenden. An der Stelle, wo sich der Amputationsschnitt befindet und der Knochen zu sehen sein sollte, wird eine Lauchstange hineingesteckt. Soll es richtig ekelhaft sein, kann man auch noch etwas rote Lebensmittelfarbe über den Fuß geben. Sieht fies aus, kommt aber gut an.

Da ich Anhängerin traditioneller Kochrezepte bin, überstieg das meine Schmerzgrenze. Die Beschäftigung mit Rezepten stimulierte aber trotzdem meinen Appetit. Ich schaute auf die Uhr. Ich hatte noch genügend Zeit, etwas Leckeres einzukaufen. Schweinemett stand jedoch nicht auf der Einkaufsliste.

Mettfuß im Stöckelschuh

Grundsätzlich handelt es sich bei Mett bzw. Schinkenmett um besonders feines, wenig fetthaltiges Hackfleisch vom Schwein (ohne Speck hergestellt, Fettanteil höchstens 35 %), das roh verzehrt wird.

Man kauft es fertig gewürzt beim Metzger. Da es als Hackfleisch besonders anfällig für Keime ist, sollte es unmittelbar nach dem Kauf verzehrt werden und bis dahin gut gekühlt transportiert und gelagert sein. Mett kommt immer dann auf den Plan, wenn es deftig zugeht, z. B. für ein rustikales Büffet, dann gern auch mit gehackten Zwiebeln auf frischem Graubrot oder Brötchen.

Zu Halloween kann man einen hübschen Fuß aus Mett formen. Halbe Mandelblättchen oder Zwiebelstückchen dienen als Zehennägel.

Die Sommervariante: Grillbrötchen

Für sechs Personen

Zutaten:

    1 kg   Mett
       6   Brötchen, in Hälften aufgeschnitten

Zubereitung:
Brötchenhälften großzügig mit Mett belegen, mit einem Esslöffel andrücken und sofort mit der Mettseite auf den heißen Grill legen. Auch die Brötchenseite kurz anrösten.

Die Grillbrötchen schmecken ohne alles oder mit Senf bestens zum kühlen Bier.

Erfrischender Krautsalat ist ebenfalls ein idealer Begleiter.

Grappa und die Nackenbeißer

Bestsellerautorin Lilo von Berghofen, die Königin der Kitsch-romane, liegt tot in ihrem Haus. Für die Polizei deuten die Zeichen auf Selbstmord, immerhin gibt es einen Abschiedsbrief. Maria Grappa dagegen tippt auf Mord. Hat ein Sprachästhet zugeschlagen oder hängt die Tat mit Lilo von Berghofens Aktivitäten in der Magierszene zusammen?

Grappa treibt sich in Dorfkneipen herum und begegnet Gerichten, die nur der Teufel erfunden haben kann.

Die Kneipe hieß *Zur Steigerklause.* Vor der Tür pries eine Schiefertafel westfälische Spezialitäten an.

Ich zog die Tür auf und musste mich durch einen Filzvorhang kämpfen. Ein Sänger sülzte *Jenseits von Eden.* Der Hit erinnerte mich an meine Volksschulzeit.

Vor dem Tresen saßen und standen einige Männer, hinter der Theke agierte der Wirt. Einer der Tresensitzer war der Bauer, der mir mit seinem Trecker so galant die Vorfahrt genommen hatte. Alle glotzten mich an.

»Tach, die Herren«, sagte ich.

»Tach auch. Und?«, knurrte der Wirt.

»Ich las, dass in diesem Etablissement westfälische Köstlichkeiten gegen einen kleinen Obolus abzugeben sind«, flötete ich.

»Wat is?«

»Essen, guter Mann! Was können Sie mir empfehlen?«

»Töttchen«, kam es aus des Wirtes Mund.

»Töttchen? Kenn ich nicht.«

»Ich hab aber nur noch Töttchen«, erklärte er und grinste.

»Gut, dann eben Töttchen.«

»Setzen Sie sich, junge Frau.« Der Wirt deutete auf einen blank gescheuerten Holztisch. »Pilsken dazu?«

»Nein, Wasser, bitte.« Ich ließ mich auf den Stuhl fallen, er war ungepolstert und kalt.

Der Trecker-Rowdy blies eine Zigarettenwolke in meine Richtung. Ich wedelte sie mit übertriebener Gestik weg.

Im Mineralwasser schwamm eine müde Zitronenscheibe. »Töttchen kommt gleich«, brummte der Wirt, als er es mir brachte.

»Was ist denn nun im Töttchen so drin?«

»Was drin is? Keine Ahnung. Is abba lecka.«

An der Wand gegenüber hingen die Köpfe von Rehen und Hirschen. Sie waren auf Bretter genagelt. Rechts von mir hatte der Tierpräparator einen Raben auf einen Ast gesetzt. Sein Gefieder war stumpf und staubig.

Ich erinnerte mich an den Raben auf dem Zaun und kramte die Feder aus meiner Handtasche. Das Blut am Kiel war schwarz nachgedunkelt und eingetrocknet, der blauschwarze Glanz noch erhalten.

Der Wirt trabte erneut an, in der Hand eine Terrine und einen Teller. Ich schob die Blumendekoration beiseite, um Platz für das westfälische Gebinde zu schaffen.

»Guten Appetit«, murmelte der Wirt.

»Danke«, antwortete ich. »Kennen Sie sich hier aus in der Gegend?«

Er hatte mir schon den Rücken zugedreht, wandte sich aber noch einmal um. »Klar. Was wollen Se denn wissen?«

»Das Haus oben auf dem Berg«, sagte ich. »Mit dem Grasdach. Steht das schon lange da?«

»Der Rabenhügel?«

»Wenn das Haus so heißt, dann der Rabenhügel.«

»Seit zehn Jahren isses da. Vorher war dort was anderes.«

»Was denn?«

»Auch ein Haus, kleine Hucke aus Stein.«

»Wieso heißt das Haus Rabenhügel?«

Er überlegte. »Das hieß schon immer so.«

»Und warum?«

»Weil in dem Haus davor, also nicht in dem da jetzt, eine Alte wohnte. Die hatte 'nen Raben.« Der Wirt deutete auf den Teller vor mir. »Essen Se mal, das wird nich wärmer.«

Das Töttchen war ein mittelbraunes Gemisch aus zerstampftem Gemüse und irgendwelchem Fleisch. Todesmutig häufte ich eine Kelle von der Masse auf den Teller und starrte sie an.

Der Wirt stellte eine Plastikflasche Senf neben die Blumendekoration und verschwand erneut. Oben an der Flasche war der Senf eingetrocknet und von einem appetitlichen Dunkelgelb.

Das Töttchen dampfte und der Geruch erschien mir gar nicht mal so übel. Ich nahm einen Löffel davon und schob ihn in den Mund. Ich schmeckte Fleisch, Lorbeerblatt, Zwiebeln und sogar einen Hauch von Nelken. Nicht schlecht. Meine Anspannung löste sich und ich haute rein.

»Und? Wie isses?«, rief der Wirt zu mir herüber.

»Lecka!«, strahlte ich. »Gut gewürzt. Was ist denn da nun drin?«

»Kalbskopf, Lunge und Herz, gekocht und klein geschnibbelt«, antwortete er. »Mehlschwitze mit dem Saft ablöschen, dann noch 'n paar Gewürze und fertig isses Töttchen.«

»Alles klar«, nickte ich und schob den Teller von mir.

Teuflisches Töttchen brutal

Zutaten:
Bitte rechtzeitig beim Metzger des Vertrauens vorbestellen:

1	Kalbskopf
1	Lunge
1	Herz
8	Pfefferkörner
3	Nelken
1	Lorbeerblatt
2	Zwiebeln, grob gewürfelt
50 g	Butter
40 g	Mehl
4	Zwiebeln
1 EL	Essig
1	Zitrone (Saft)
1 Prise	Zucker
	weißer Pfeffer, Salz
	Worcestersoße

Zubereitung:

Den Kalbskopf gut reinigen und von Knorpel befreien. Mit Lunge und Herz in einem großen Topf mit kochendem Salzwasser und den Gewürzen ungefähr 3 Stunden auf mittlerer Hitze kochen.

Das Fleisch aus der Brühe nehmen und in kleine Stückchen schneiden. Zwiebeln schälen und fein würfeln.

In einem zweiten Topf Butter schmelzen, die Zwiebeln darin glasig dünsten. Die geschmorten Zwiebeln mit Mehl bestäuben und mit der Fleischbrühe ablöschen. Dabei ständig rühren und zu einer Soße binden lassen. Mit Zitronensaft und Zucker süßsauer abschmecken.

Fleischstückchen unterheben und mit Pfeffer und Salz abschmecken.

Das Töttchen wird in kleinen Terrinen oder tiefen Suppentellern angerichtet. Bei Tisch wird mit Worcestersoße nachgewürzt.

Dazu passen Kartoffeln oder Roggenbrötchen bzw. Pumpernickelschnitten. Hinterher braucht man ganz sicher einen Weizenkorn!

Anmerkung:

Wem das zu traditionell ist, der kann das Töttchen auch mit Kalbfleisch aus der Schulter oder der Brust zubereiten. Dann erinnert es eher an ein *Ragoût fin*.

In manchen Regionen werden Tötchen auch mit Würfelchen aus Suppengemüse (Möhren, Sellerie und Lauch) gekocht.

Es muss nicht immer Grappa sein

Die achtundsiebzigjährige Ekaterina Schöderlapp wird mit einer Plastiktüte erstickt. Nicht nur die Mordmethode spricht dafür, dass es sich bei der Seniorin um keine harmlose Oma handelte: In ihrer Wohnung stapeln sich unverzollte Kaviardosen im Wert von mehr als 30.000 Euro. Bei ihren Recherchen bekommt Maria Grappa es mit der russischen Kaviarmafia zu tun, deren Mitglieder sich allerdings auch für Currywürste aus dem Ruhrpott begeistern können.

»Große Klasse, Grappa«, lobte Jansen nach der Lektüre. »Du darfst den Rest des Sonntags mit deinem neuen Freund verbringen.«

»Gibt es hier irgendwo eine Pommesbude in der Nähe?«

»Klar. Auf dem Weg zur City. Weiß gekachelt von außen. Die Currywurst ist da klasse – auch wenn die Wirte Tamilen sind. Was willst du denn da?«

»Was kaufen«, grinste ich. »Wlad wird Hunger haben nach der schweren Gartenarbeit. Und ich hab nichts im Haus.«

»Grappa-Baby«, spottete mein Chef. »Mutter Teresa ist eine egoistische Schlampe gegen dich.«

Die Currywurst aus dem Ruhrgebiet ist eine international bekannte Spezialität. Natürlich wird sie nicht in überkandidelten Feinkostläden wie denen von Peter Silius angeboten, aber man kann sie an fast jeder Ecke kaufen. Ob in mobilen Brätereien, in Einkaufszentren, vor Baumärkten oder in der Nähe großer Möbelhäuser – nirgends ist die Currywurst mehr wegzudenken. Über die Details der Rezeptur existieren tausend unterschiedliche Meinungen. Eine Bratwurst gehört jedenfalls immer dazu. Ob Ketchup oder eine eigens hergestellte scharfe Soße darüberkommt, hängt von der Qualität des die Delikatesse zubereitenden Personals ab. Unabdingbar ist Currypulver, das über alles gestreut wird. Ein extra dafür erfundener Currywurstschneider, der die Wurst im Handumdrehen in Stücke zerschneidet, rundet das professionelle Bild ab.

Ich habe die Wurst erst in späten Jahren schätzen gelernt. Sie muss dunkel gebraten und rattenscharf gewürzt sein. Auslöser für meine neue Vorliebe war nicht die Erkenntnis, dass Serrano-Schinken und französische Leberpastete Schickimicki sind, sondern eine Novelle mit dem Namen *Die Entdeckung der Currywurst* von Uwe Timm. Darin berichtet eine alte Frau, die in den letzten Kriegstagen eine Imbissstube in Hamburg betreibt, aus ihrem Leben. Nach dem Krieg ›erfindet‹ diese Frau die Currywurst, um sich und ihre Kinder durchzubringen. Seit der Lektüre dieser Geschichte gönne ich mir ab und zu mal eine und denke über das alltägliche Leben und die scharfe Wurst nach.

Der tamilische Wurstbratologe packte vier geschnetzelte Würste mit viel Soße und zwei Portionen Pommes rot-weiß in eine Styroporschachtel. Dazu nahm ich drei Flaschen Bier.

Ich bezahlte und machte mich auf den Weg zu meinem Haus. Ab und zu schaute ich in den Rückspiegel. Nein, niemand verfolgte mich.

Mein neuer Gärtner hatte gute Arbeit geleistet. Stolz präsentierte er einen von Unkraut befreiten Gartenweg und eine gefegte Terrasse.

»Klasse, Wlad«, lächelte ich. »Und jetzt gibt es was zu futtern.«

Wir setzten uns an den Gartentisch und verputzten alles. Ich trank Wein, Wlad das Bier. Viel geredet wurde nicht.

Nach dem Mahl verzog ich mich ins Haus. Wlad wollte auf einer Liege im Garten schlafen. Ich schaffte ein paar Decken herbei und gab sie ihm.

Nachts wachte ich einmal auf, schlich zum Fenster, öffnete es und lauschte. Der Gorilla schaute in die Sterne und summte Melodien. Sie klangen fremd und traurig.

Currywurst mit einem Gorilla

Für vier Portionen

Zutaten:

4	Rostbratwürste à ca. 100 g
250 ml	Tomatenpassata
1 EL	brauner Zucker
100 ml	Cola
100 ml	Orangensaft

1 TL	Chiliflocken
½ TL	Koriander, gemahlen
½ TL	Zwiebeln, granuliert
½ TL	Kreuzkümmel, gemahlen
½ TL	Selleriesalz
½ TL	Salz
½ TL	Kurkuma
1 Prise	Nelken, gemahlen
	Currypulver zum Bestreuen

Zubereitung:

Es wird für die Soße zunächst ein gewürzter Karamell-sirup hergestellt: In einem Topf braunen Zucker bei hoher Temperatur unter ständigem Rühren mit einem Holzlöffel zum Schmelzen bringen. Mit Cola ablöschen. Achtung: Es zischt und brodelt kräftig. Der Karamell wird zunächst in der kalten Cola fest, kocht aber wieder los. Mit dem Orangensaft angießen und alle Gewürze einrühren. Passata zugeben. Alles gut verrühren.

Auf mittlerer Hitze mindestens 30 Minuten einköcheln. So bekommt die Soße die richtige Konsistenz.

Während des Einköchelns die Bratwurst grillen oder in der Pfanne braten.

Zum Anrichten Bratwurst in Scheiben schneiden und in ein Schälchen legen. Mit reichlich Currysoße begießen und zum Abschluss mit Currypulver bestreuen.

Dazu isst man entweder Pommes frites oder ein Brötchen.

Anmerkung:

Im Rezept ist bewusst auf das eigentliche Würzen der Soße mit fertigem Currypulver verzichtet worden. Die Be-
standteile eines scharfen Currypulvers sind als einzelne
Gewürze aufgeführt.

Grappas Gespür für Schnee

Ein Gerücht geht um: Der Bierstädter Oberbürgermeister soll kokainsüchtig sein. Polizeireporterin Maria Grappa geht der Sache nach – und stößt auf die Leiche einer Mitarbeiterin des OB-Büros, die jahrelang die Stadtkasse geplündert hat. Steckt tatsächlich Politprominenz hinter dem Mord? Erleuchtung bekommt die Reporterin auf dem Wochenmarkt – zwischen Obst, Gemüse und Frischkäse.

Ich schlief unruhig und vertrödelte den Morgen. Gegen Mittag beschloss ich, in die Stadt zu fahren. Der Wochenmarkt am Samstag bot frische Ware zu leicht überhöhten Preisen. An der Kaffeebude genehmigte ich mir einen Milchkaffee und eine heiße Waffel mit Puderzucker. Ich befand mich etwa hundert Meter vom Rathaus entfernt und spielte mit dem Gedanken, mich auf die Suche nach möglichen Zeugen zu machen. Aber ich entschied mich dagegen. Der heutige Tag sollte mord- und totschlagfrei bleiben.

Ich kaufte frische Gewürze, Kräuter, Knoblauch und Tomaten. Noch ein knackiges Roggenbrot und ein paar nette Schweinereien beim Perser: mit Schafskäse gefüllte Paprika, Oliven, in denen Mandeln steckten, und als Dip einen Frischkäse mit Kräutern.

Ein Obststand lockte mit samtigen Aprikosen aus Übersee und fast schwarzen Weintrauben. Die Marktfrau pries laut ihre letzten Erdbeeren zum halben Preis an. Ich stellte mich mit meinem Korb in die Reihe der Wartenden.

Plötzlich wurde ich von hinten angestoßen. Ich konnte

mich gerade noch an meinem Vordermann festhalten. Ich entschuldigte mich und drehte mich um. Doch der Rempler war nicht auszumachen.

Ich wählte Aprikosen und Trauben, griff nach meinem Portemonnaie, um zu bezahlen, und stutzte. In meiner Tasche lag etwas, was mir nicht gehörte. Eine flache, durchsichtige Hülle. Ich betrachtete sie. Eine CD oder DVD. Keine Beschriftung.

In meinem Hirn gingen ein paar rote Lampen an. Ich beendete meinen Marktbesuch, fuhr zur menschenleeren Redaktion und legte die Scheibe in den Player.

Ich sah den Film nicht zu Ende. Nach ein paar Sekunden war klar, dass dieser Samstag anders verlaufen würde, als ich es geplant hatte.

Ich informierte Jansen. Zehn Minuten später saß ich bei Friedemann Kleist im Büro.

Das Rathaus in Totale. Im Vordergrund ein dunkler Strich, unscharf. Ein Paar tritt durch das Portal und bleibt vor den wartenden Gästen stehen. Ihr Kleid ist geschickt gewählt. Es schillert rubinrot und ist sehr figurbetont geschnitten. Vielleicht ein wenig zu sehr. In der Hand hält sie einen kompakten Blumenstrauß – weiß mit etwas Grün und Gold. Der junge Mann steckt in einem schlichten dunklen Anzug. Die Kamera zoomt näher. Das Paar lächelt sich an. Der dunkle Strich bewegt sich. Ein scharfer Knall zerfetzt die Szene und der Strich zuckt. Es ist der Lauf einer Waffe. Die Frau kippt nach unten aus dem Bild. Der Mann dreht sich um. Ein zweiter Schuss. Der Lauf zuckt wieder. Der Bräutigam fällt. Ende.

»Wie bist du an den Film gekommen?«, fragte Kleist.

»Das sagte ich doch schon.« Mir saß der Schreck noch im Magen.

»Bitte erzähle es noch mal«, forderte mich Kleist auf. »Jedes Detail kann wichtig sein.«

»Okay.« Ich wiederholte meine Geschichte.

»Und du hast die Person, die dich in der Schlange angerempelt hat, wirklich nicht gesehen?«

»Ich hatte genug damit zu tun, das Gleichgewicht zu halten«, erklärte ich.

»Könnte der Film nicht früher oder später in deine Tasche geraten sein?«

Ich schüttelte den Kopf. »Ich bin den Leuten nicht so nahe gekommen. Kurz zuvor habe ich an der Kaffeebude mein Portemonnaie aus der Korbtasche genommen. Da war sie noch leer.«

»Schade, dass du Spuren auf der DVD hinterlassen hast.« Friedemann Kleist erhob sich und ging im Raum auf und ab. »Wir brauchen deine Fingerabdrücke, damit wir einen Abgleich machen können.«

»Die müsstet ihr haben, ich war schon mal an einem Tatort.«

»Wir löschen Vergleichsabdrücke immer nach Abschluss eines Verfahrens. Datenschutz.«

»Was ist der Hintergrund der beiden Opfer?«, kam ich zur Sache. »Was haben sie getan, dass sie an ihrem Hochzeitstag ermordet worden sind? Rache? Eifersucht? Bandenkriminalität?«

Paprika mit mordfreier Schafskäsefüllung

Zutaten:

400 g	eingelegte milde Spitzpaprika oder Pimientos del Piquillo, abgetropft
200 g	Schafskäse
1 EL	frischer Dill, gehackt
	Salz und Pfeffer, geschrotet

Zubereitung:

Den Schafskäse so in Streifen zerteilen, dass er mengenmäßig zu den Paprika passt.

Die Paprika mit den Schafskäsestücken füllen und auf einem Teller anrichten.

Dill waschen, trockenschütteln, grob hacken und über die Paprikaschoten streuen. Mit geschrotetem Pfeffer und wenig Salz würzen.

Anmerkung:

Wer mag, kann auch kleine frische Spitzpaprika verwenden. Diese werden geputzt und gewaschen. Dann mit etwas Olivenöl in einer Grillpfanne anrösten und abkühlen lassen.

Im nächsten Schritt wie oben füllen und auf einen Teller legen. Etwas Olivenöl darüberträufeln. Wie oben fortfahren.

Frischkäse-Dip mit Frühlingszwiebeln

Zutaten:

200 g	Frischkäse (Doppelrahmstufe)
2 EL	Joghurt (Vollfett)
3	Frühlingszwiebeln
	Pfeffer, Salz

Zubereitung:

Die Frühlingszwiebeln waschen, trocknen und in sehr feine Ringe schneiden (von der Zwiebel bis zum hellgrünen Teil).

Joghurt und Frischkäse gut verrühren. Mit Pfeffer und Salz abschmecken. Frühlingszwiebeln unterheben.

Der Dip sieht besonders adrett aus, wenn man bunten Pfeffer aus der Mühle benutzt.

Grappa und die keusche Braut

Ein Amokläufer richtet erst fünfzehn Schulkameraden hin und tötet sich dann selbst. Nur die attraktive Lehrerin überlebt – traumatisiert und schwer verletzt. Warum macht ein Achtzehn- jähriger so etwas? Die Spuren führen zu einem Theaterprojekt und einem Bekennerfilm im Internet.

Maria Grappa rätselt und Bäckerin Anneliese Schmitz hilft ihr mit einem flammendheißen Chili con carne auf die Sprünge.

Auf dem Weg zur Redaktion machten wir im Schmitz- Bistro Mittagspause.

»Frau Grappa, wie isses?«

»Frau Schmitz, muss. Und selbst?«

»Muss. Und der junge Herr? Wie isses dem?«

»Wer mit der Grappa malocht, dem isses imma gut«, ruhrpöttlerte Pöppelbaum.

»Ich hab jetzt 'ne kleine Mittagskarte«, teilte die Bäckerin mit und reichte mir eine laminierte Pappe. »Hier isse. Guck doch mal rein, Frau Grappa.«

Ich las: *Chili con Carne, Pfefferpotthast, Erbseneintopf mit Bockwurst, Linsensuppe* und *Bauernfrühstück.*

»Jeden Tag ein Stammgericht zum Dummpink-Preis von drei Euronen«, erläuterte Frau Schmitz. »Heute ist das Chili dran.«

»Dann nehm ich das.«

»Ich auch«, sagte Wayne.

Wir futterten. Frau Schmitz hatte sehr tief in die Chili-

Kiste gegriffen. Nach zwei Minuten schnappte ich nach Luft. Pöppelbaum hielt länger durch.

»Und? Wie isses?« Frau Schmitz hatte sich vor uns aufgebaut, um unsere Mimik zu beobachten.

»Haut voll durch, Frau Schmitz«, keuchte ich.

»Zu stark, Frau Grappa?«, fragte sie scheinheilig.

»Bist du zu stark, Frau Schmitz«, hustete ich, »bin ich zu schwach.«

Inzwischen stand auch Pöppelbaum der Schweiß auf der Stirn. »Frau Schmitz, mein Kompliment!«, stammelte er. »Endlich weiß ich, was 'ne scharfe Frau ist.«

»Na, na, junger Mann«, kicherte Frau Schmitz. »Nun übertreiben Se mal nicht.«

»Jetzt zum Löschen des Brandes noch vier Mandelhörnchen«, sagte ich. »Aber bitte einpacken, Frau Schmitz!«

»Geht klar, Frau Grappa! Noch 'nen schönen Tag wünsch ich dir.«

Chili con carne – brennend

Für sechs Portionen

Zutaten:

30 ml	Öl
2	Zwiebeln, gehackt
3	Knoblauchzehen, zerdrückt
500 g	Rinderhack
500 g	Rindfleisch (Gulasch, etwa 1 cm große Würfelchen)
500 g	stückige Tomaten
250 ml	dunkles Bier
1 Becher	kräftiger Kaffee
2 EL	Tomatenmark
200 ml	Rinderbrühe

1 EL	Chilipulver
1 EL	brauner Zucker
1 EL	Kakaopulver (Backkakao, ungesüßt)
½ TL	getrockneter Oregano
1 TL	Kreuzkümmel
	Pfeffer, Salz
1–3	Chilischoten, fein gehackt
3 Dosen	Kidneybohnen, abgegossen
½ TL	gemahlener Koriander

Zubereitung:

Öl in einem großen Topf erhitzen, darin Zwiebeln, Knoblauch, Fleischwürfel und Hackfleisch 10 Minuten anbräunen. Am besten portionsweise, damit alles eine schöne Bräunung erhält.

Dann die restlichen Zutaten (bis auf die Bohnen) dazugeben und abschmecken – für eine angenehme Schärfe reicht manchmal schon eine frische Chilischote. Bei kleiner Hitze 90 Minuten köcheln. Gelegentlich umrühren.

Die Bohnen hinzufügen und weitere 30 Minuten köcheln lassen, eventuell mit mehr Brühe oder Bier auffüllen.

Anmerkung:

Diesem Rezept liegt der Gebrauch von Chilis *Rawit rot* zugrunde. Auf einer Schärfeskala von 0–10 liegen diese bei 8. Die Schärfe verbirgt sich vor allem in den Trennhäuten und Kernen der Schote. Beim Verarbeiten ist es ratsam, Einweghandschuhe zu tragen.

Grappa und die Seelenfänger

Ein TV-Sender veranstaltet ein großes Casting für Möchtegern-Sänger. Maria Grappa ist wenig begeistert, als sie die Bericht-erstattung darüber aufgebrummt bekommt. Als jedoch Pitt Brett, der Chefjuror, entführt wird, findet Grappa die Show plötzlich spannend. Zugleich verfolgt sie interessiert, wie die Kirche der Erleuchteten in Bierstadt auf Seelenfang geht. Lebensabschnittspartner Friedemann Kleist sorgt für die richtige Recherchegrundlage in Form eines berühmten italienischen Fleischgerichts.

Ich war froh, endlich abschalten zu können. Und Kochen war Entspannung pur. Kleist hatte allerlei Köstlichkeiten herangeschafft, saß am Küchentisch und schaute mir zu. Ich hatte eine Flasche Wein geöffnet und war beim zweiten Glas, ein trockener Rosé aus der Provence. Kleist nippte an einem Wasser. Schade, aber einen trockenen Alkoholiker wollte ich nicht in Versuchung bringen.

Saltimbocca. Hatte ich noch nie gemacht. Übersetzt hieß das: *Spring in den Mund.* Bei dem, was da springen sollte, handelte es sich um gebratene Kalbsschnitzel mit Schinken und Salbei. Ich schnitt die Kalbsschnitzel der Länge nach auf und legte Salbei und Parmaschinken in den Schlitz. Butter in die Pfanne, anbraten und mit Weißwein ablöschen. Eine Duftwolke nach Wein und Fleischsaft veredelte die Küche.

»Möchtest du etwas über Egon Hold wissen?«, fragte Kleist.

»Aber immer!«, entgegnete ich.

»Er ist schon mal aufgefallen. Diebstahl und Körperverletzung.«

»Gibt es eine Verbindung zur Sekte?«, fragte ich und schmeckte die Soße ab.

»Nicht auf den ersten Blick. Aber ich habe das hier für dich.« Kleist zog eine flache Digitalkamera aus seinem Jackett, setzte sie in Gang und reichte sie mir. Auf dem Display sah ich … mich!

»Ist das etwa Holds Kamera?«, fragte ich.

Kleist bejahte.

»Wo hast du die her? Die Autobahnpolizei hat seinen Wagen doch durchsucht.«

»Da haben sich die Genialität deines Lieblingspolizisten und Kommissar Zufall auf das Glücklichste zu einem Happy End verschworen.«

»Ich liebe Rätsel, wenn ich sie lösen kann. Bei diesem bitte ich um die Auflösung. Wie kommst du an diese Kamera?«

»Das ist aber eine lange Geschichte.«

»Nun sag schon.«

Nachdem er in Erfahrung gebracht hatte, dass Hold kein unbeschriebenes Blatt war, hatte Kleist ihn einige Stunden beobachten lassen. Während dieser Zeit war Hold zu dem Parkplatz gefahren, von dessen Zufahrt aus er mich fotografiert hatte. Erst war er dort auf und ab gegangen, dann hatte er etwas vom Boden aufgehoben. Die Kamera. Sie war ihm beim Einsteigen in die Limousine aus der Tasche gefallen. Kleist hatte ihn vorladen lassen und sich die Kamera ausgeliehen. Doch für Ermittlungen gab es keinen Anlass.

»Das letzte Foto zeigt deinen Golf, wie er an dem Parkplatz vorbeifährt.«

»Kompliment, Herr Kriminalhauptkommissar!« Ich blätterte die Bilder durch. Es war sogar ein Bild aus dem *Cinderella* dabei. Kleist und ich am Tisch, vom Mittwoch. Was sollte das nur?

»Der Arsch sollte wissen, dass man Frauen über fünfzig nicht von unten fotografiert«, muffelte ich. »Ich sehe ja älter aus als meine Frau Mutter. Aber er hat auch noch andere abgelichtet. Und … Hier haben wir doch die Verbindung zur Sekte! Guck mal.«

Ich zeigte Kleist das Bild eines älteren Mannes und einer jungen Frau. »Das ist Arnold Weber und eine seiner Töchter. Vermutlich Monika.«

Die beiden liefen auf ein großes weißes Haus zu.

»Das muss die Klinik sein, in der der Vater Monika vor den Erleuchteten versteckt!«, rief ich aus. »Dann wissen die Typen ja, wo sich die Frau befindet. Man kann leider nicht erkennen, wie die Klinik heißt.«

»Hast du Webers Telefonnummer dabei?«, fragte Kleist.

Ich nickte.

»Dann ruf ihn an und lass dir den Namen des Krankenhauses geben. Den Rest veranlasse ich.«

Arnold Weber war schockiert und wütend, als er erfuhr, was wir herausgefunden hatten. »Reicht es diesen Verbrechern nicht, dass sie mir eine Tochter weggenommen haben? Ich fahre sofort in die Klinik.«

Kleist ließ sich das Telefon geben und beruhigte Weber. »Ich werde die Kollegen informieren und sie bitten, vor der Klinik verstärkt Streife zu fahren.«

Während er weiter telefonierte, kümmerte ich mich wieder um das Essen. Die Saltimboccasoße hatte eine Haut bekommen. Ich rührte alles kräftig durch und stellte den Herd wieder an.

»Möchtest du den Sud mal kosten?« Ich hielt Kleist, der alles Nötige in die Wege geleitet hatte, einen gefüllten Löffel hin.

»Zu sauer«, stellte er fest. »Gib etwas Zucker dazu.«

»Gute Idee. Stört dich der Weißwein?«

»Nein«, lächelte er. »Der Alkohol verflüchtigt sich beim Kochvorgang.«

Saltimbocca – Spring in den Mund

Für zwei Personen

Zutaten:

6	Kalbsschnitzel à ca. 50 g (dünn geschnitten)
	Pfeffer, Salz
100 g	Parmaschinken
6	große Salbeiblätter
30 g	Butter

```
          Salz
5 EL   BIO-Chardonnay (Italien)
1 TL   Honig
   6   Zahnstocher
```

Zubereitung:

Die Schnitzel waschen, abtrocknen und mit dem Handballen gleichmäßig flachdrücken.

Salbeiblätter waschen und abtrocknen. Auf jedes Schnitzel je eine Scheibe Schinken und ein Salbeiblatt legen und mit Holzspießchen feststecken.

Butter in einer Edelstahlpfanne erhitzen und die Schnitzel bei mittlerer Hitze von jeder Seite 2–3 Minuten braten. Die nicht belegte Seite mit Salz und Pfeffer würzen.

Die Schnitzel aus der Pfanne nehmen und warm stellen.

Den Bratensatz mit dem Wein ablöschen und den Honig darin schmelzen lassen. Die Soße etwas einköcheln und dann die Schnitzel damit beträufeln.

Dazu passt geröstetes Weißbrot und natürlich der Rest Chardonnay, gut gekühlt!

Grappa lässt die Puppen tanzen

In Bierstadt macht man keine halben Sachen: Um den Zu-
strom der zumeist bulgarischen Prostituierten zu stoppen, wird
gleich der ganze Straßenstrich geschlossen. Während sie die
Aktion beobachtet, stolpert Maria Grappa prompt über eine
Leiche: eine Romafrau, die vor dem Elend in ihrer Heimat
geflüchtet ist. Grappa streicht Zigeunerschnitzel endgültig von
ihrer Speisekarte.

Kleist und ich hatten uns zum Einkauf auf dem Wochenmarkt
verabredet. Treffpunkt war der italienische Kaffeestand. Er
wurde von zwei jungen Frauen betrieben, die vor Jahren von
der Stadt ein Kleindarlehen für Langzeitarbeitslose erhalten
hatten. Der Kredit war längst zurückgezahlt, denn der Laden
boomte. Die beiden Unternehmerinnen hatten Bistrotische
vor dem Verkaufswagen aufgebaut, boten die besten Kaffee-
bohnen der Welt feil und bereiteten die schönsten Kaffeege-
tränke zu. Am Wagen prangte ein Blechschild mit der Auf-
schrift: *Das Schönste am Morgen ist die Latte.*

Kleist bestellte eine frische Waffel mit Sahne zur *Latte
macchiato.* Ich verkniff mir die Waffel und orderte einen
Milchkaffee.

»Ich freu mich, dass es dir besser geht«, meinte er und
griff nach meiner Hand. »Du siehst allerdings noch ein wenig erschöpft aus.«

»Ich muss was mit dir bereden«, begann ich. »Ich hab Mist
gebaut.«

»Schon wieder?« Er lächelte mild.

Ich berichtete ihm von meinem Terminator-Abenteuer.

»Was ist, wenn Marko einem Treffen zustimmt?«, fragte ich. »Der glaubt, dass ich ein Mann bin.«

»Vielleicht kriegst du dann was auf die Nase. Oder wirst umgebracht. Und ich habe den Mord an einer dritten Frau auf dem Schreibtisch. Wenigstens ist es nicht so kompliziert, den aufzuklären.«

»Nun mal nicht den Teufel an die Wand«, murrte ich. »Ich werde schon aufpassen. Vielleicht nehme ich Pöppelbaum mit.«

»Oder den Kampfhund deiner Freundin Maxi Singer«, schlug Kleist vor. »Und jetzt lass uns einkaufen. Ich freue mich auf eine Kochorgie mit dir.«

Es wurde wirklich eine Orgie. Kleist schnippelte das Gemüse. Ich legte den Rinderbraten in einen Sud aus Olivenöl, Rotwein, Pfeffer, Schalotten, Piment, getrockneten Steinpilzen und Kräutern aus dem Garten. Eine Stunde musste das Fleisch ziehen. Danach scharf anbraten und dann ab in den Ofen. Zweieinhalb Stunden bei hundert Grad und das Fleisch würde butterweich sein.

Die Zeit, bis der Braten gar war, verbrachten wir eng beisammen, auf dem Sofa liegend, bei klassischer Musik. Wir sprachen kaum etwas. Ich genoss die Stunden ohne das Grübeln über mörderische Zusammenhänge.

Bei Kerzenlicht und der Musik einer neuen Klassik-CD speisten wir.

»Du stehst doch eher auf Händel und Bach, wenn es um Vokalmusik geht«, wunderte sich Kleist. »Was hören wir denn da gerade?«

»Die Zigeunerlieder von Brahms«, bekannte ich. »Ich finde die Musik gar nicht so übel. Nur die Texte sind mal wieder an falscher Romantik nicht zu toppen. Hör mal!« Ich griff zur CD-Hülle und las vor: »*Brauner Bursche führt zum Tanze, sein blauäugig schönes Kind. Schlägt die Sporen keck zusammen, Csardasmelodie beginnt. Küsst und herzt sein süßes Täubchen. Dreht sie, führt sie, jauchzt und springt, wirft drei blanke Silbergulden auf das Zimbal, dass es klingt.*«

»Irgendwie kommst du von dem Fall nicht los«, stellte Kleist fest.

Ich lachte. »Sei froh, dass es kein Zigeunerschnitzel zum Essen gibt.«

Eingelegter Rinderbraten
ohne Zigeuner-Romantik

Für vier Personen

Zutaten:

1 kg	Rinderbraten

<u>Sud</u>

8 EL	Olivenöl
300 ml	trockener Rotwein
5	Pfefferkörner
3	Schalotten, fein gehackt
3	Pimentkörner
2 EL	getrocknete Steinpilze
2 Zweige	Thymian

1 Zweig	Rosmarin
1 EL	Butterschmalz zum Anbraten
	Pfeffer, Salz
150 ml	Wasser
1 EL	kalte Butter

Zubereitung:

Alle Zutaten für den Sud kurz aufkochen. Das Fleisch trockentupfen. In eine hitzebeständige Schüssel legen, mit dem Sud übergießen. Nach 30 Minuten das Fleisch wenden und weitere 30 Minuten ziehen lassen.

Den Backofen auf 100°C Heißluft aufheizen. Rost auf die unterste Schiene einlegen.

In einem Bräter das Fett erhitzen. Den Braten aus dem Sud heben, trockentupfen und kräftig mit Salz und Pfeffer einreiben.

Das Fleischstück von allen Seiten scharf anbraten und mit dem durchgeseihten Sud ablöschen.

Im Backofen 2,5 Stunden bei 100°C sanft garen.

Zum Ende des Garvorgangs Braten aus dem Bräter nehmen, warmlegen und den Bratensaft in einen hohen Rührbecher geben, dabei den gesamten Bratenfond nutzen (eventuell mit dem Teigschaber erfassen). Dabei Kräuterstiele und Gewürzkörner herausfischen. 150 ml heißes Wasser und kalte Butter zugeben. Mit dem Pürierstab mixen und wieder in den Bräter geben.

Bratenfleisch in ca. 2 cm dicke Scheiben schneiden und in die Soße legen.

Dazu passen Rosmarin-Drillinge und Honigmöhren.

Grappa und die Toten vom See

In einem abgelegenen Waldstück am Lago Maggiore werden die Bierstädter Familie Mahler, der israelische Journalist David Cohn und ein unbekannter Radfahrer ermordet. Was hat die Toten in den italienischen Wald geführt? Maria Grappa stößt auf ein ungesühntes Naziverbrechen, das Grund für die Morde sein könnte. Ihre detektivische Kombinationsgabe wird durch gute italienische Pastakreationen stimuliert.

Der Salat war knackig frisch, das Knoblauchdressing duftete, der *Mozzarella di bufalo* war sämig und die Oliven glänzten schwarz. Merkwürdig, dass sich in unser Essen die ausländischen Zutaten eingeschlichen hatten, ohne dass jemand gleich von Überfremdung sprach. Oder essen Neonazis keine Pizza?

»Haben Sie ein Foto von David Cohn?«, fragte ich. »Ich würde gern wissen, wie er ausgesehen hat. Dann kann ich besser über ihn schreiben.«

Fabian Fellner schüttelte den Kopf. »Nein. Warum sollte ich ein Foto von ihm haben? Vermutlich gibt es in Israel Fotos, immerhin hatte David ja dort eine Familie. Oder vielleicht besitzen die Mahlers ein Familienalbum, in dem er eingeklebt ist. Fragen Sie doch mal bei der Polizei nach.«

»Gute Idee«, lächelte ich. »Das Bundeskriminalamt ist immer die beste Adresse für Journalisten.«

Er begriff die Ironie und grinste. Wir aßen schweigend die Pasta. Zweimal frische Ravioli mit Ricotta-Spinatfüllung, garniert mit gerösteten Pinienkernen und Salbeibutter. Die

Harfe hatte ausgeperlt, nun ertönte Flötenmusik aus dem italienischen Barock.

Ich spülte mit dem Wasser die letzte Salbeibutter aus meinem Gaumen. »Was hat David herausbekommen? Was hat ihn das Leben gekostet?«

Fellner schob den Teller von sich. »Ich habe mir den Kopf zerbrochen. Habe mir jedes Gespräch mit ihm noch einmal ins Gedächtnis zurückgeholt, aber ich habe keine Idee.«

»Erzählen Sie einfach, worüber Sie geredet haben, vielleicht haben wir zusammen Erfolg! Er wollte seine Informationen retten, sonst hätte er den USB-Stick nicht verschluckt.«

»Aber da scheint nichts Relevantes drauf zu sein«, gab Fellner zu bedenken. »Ich habe mich gefragt, wie ich mich selbst verhalten hätte. Darf ich das mal eben durchspielen?«

»Nur los!«

»David ist an einer brandheißen Geschichte dran. Aus seinen Recherchen über die Familiengeschichte hat sich eine Spur ins Heute ergeben. Etwas, was einem unserer Zeitgenossen sehr wehtun würde, wenn es bekannt würde. Der Zeitgenosse bekommt Wind von Davids Recherchen und will eine Veröffentlichung verhindern. Er kauft sich einen Killer. Der Killer beobachtet David. Dann erfolgt die Reise nach Italien. Der Killer kriegt es irgendwie hin, sich mit David im Wald zu verabreden. Vielleicht hat er ihn mit angeblichen Informationen geködert. Er wartet dort auf ihn. Aber David kommt nicht allein, Mahlers sind dabei. Der Killer zieht die P8 und beginnt, ein Blutbad anzurichten.«

»Moment. P8? Wie kommen Sie darauf?«

»Gewöhnlich gut informierte Kreise«, grinste Fellner abwinkend.

»Keine Antwort ist auch eine Antwort. Vielen Dank.«

»Ich spinne das mal weiter. David weiß, er wird sterben und verschluckt den Stick, um wenigstens einen Hinweis zu geben, in welcher Richtung man suchen muss.«

»Das alles liegt ja irgendwie auf der Hand und ist nicht schwer auszudenken. Aber wie passt der Radfahrer dazu?«

»Er kam zufällig vorbei.«

»Eben nicht. Der Typ hat in dem Wald gewartet. Auf jemanden oder etwas. Vermutlich auf das Auto. Er hatte Schmauchspuren an der Hand und man hat zahlreiche Zigarettenkippen mit seinem genetischen Fingerabdruck gefunden. Diese Informationen werden morgen in der Zeitung stehen.«

Fellner war baff. »Dann war der Radfahrer der Killer? Und wer hat den Killer gekillt?«

Ich zuckte die Schultern. »Vielleicht der Mann, den wir ›Zeitgenosse‹ genannt haben. Wenn der aber zu den Mördern von 1943 gehört hat, müsste er über neunzig sein.«

Frische Ravioli mit Salbeibutter

Für vier bis sechs Personen

Zutaten:

<u>Für den Teig</u>

400 g	Mehl
4	Eier
1 TL	Salz

<u>Für die Füllung</u>

300 g	frischer Blattspinat
1	Zwiebel
1	Knoblauchzehe
1 EL	Butter

150 g	Ricotta
75 g	frisch geriebener Parmesan
	Pfeffer, Muskatnuss

Zum Servieren

80 g	Butter
8	Salbeiblättchen, in Streifen
	geschnitten
60 g	Pinienkerne

Außerdem

Mehl zum Arbeiten
Runde Ausstechform ca. ∅ 8 cm

Zubereitung:

Mehl, Eier und Salz mit den Händen oder einer kräftigen Küchenmaschine (Knethaken) zu einem glatten, geschmeidigen Teig kneten. Den Teig zu einer Kugel formen, in Frischhaltefolie wickeln und 30 Minuten im Kühlschrank ruhen lassen. Danach einige Minuten bei Zimmertemperatur auf die Weiterverarbeitung vorbereiten.

Inzwischen für die Füllung den Spinat verlesen und die dicken Stiele abschneiden. Den Spinat in kaltem Wasser abwaschen, dann in kochendem Salzwasser 1–2 Minuten blanchieren, bis er zusammengefallen ist. In ein Sieb abgießen, kalt abschrecken, abtropfen lassen und gut ausdrücken. Den Spinat fein hacken.

Zwiebel und Knoblauch schälen und fein hacken. Die Butter in einer Pfanne zerlassen, Zwiebel und Knoblauch darin glasig dünsten. Die Mischung etwas abkühlen lassen und mit Spinat, Ricotta und geriebenem Käse verrühren. Mit Salz, Pfeffer und Muskatnuss abschmecken.

Den Teig auf einer bemehlten Arbeitsfläche oder in der Nudelmaschine dünn ausrollen. Mit der Ausstechform oder einem Glas Kreise von ca. 8 cm ausstechen. Jeweils in die Mitte 1 TL Füllung geben, die Kreise zusammenklappen und die Ränder mit einer Gabel zusammendrücken.

In einem großen Topf Wasser aufkochen und salzen. Die Ravioli darin ca. 5 Minuten leicht kochen lassen. Mit einem Schaumlöffel herausnehmen und warmlegen.

Inzwischen die Butter in einer Pfanne zerlassen, die in Streifen geschnittenen Salbeiblätter beigeben und rösten, bis die Butter leicht braun wird. In einer anderen Pfanne ohne Fett die Pinienkerne rösten, bis sie ebenfalls leicht gebräunt sind.

Die fertigen Ravioli darin schwenken, auf vorgeheizte Teller geben und, mit den gerösteten Pinienkernen bestreut, servieren.

Grappa sieht rosa

Der schwule russische Agrarminister muss sein Land verlassen und wählt ausgerechnet Bierstadt als Ziel seiner Flucht. Hier will er seinem zwanzigjährigen Lebensgefährten das Jawort geben. Mitten in die Vorbereitungen zur Hochzeit platzt die Meldung über einen grausamen Mord: Das Opfer, ein Skandalreporter, war berüchtigt für seine homophoben Artikel.

Grappa taucht in die Szene ein: Hier sind die Mandelhörnchen schwul und wachsweiche russische Eier finden ihren Weg in die Altenheime der Stadt.

In der Nacht träumte ich wirres Zeug. Anneliese Schmitz hatte schwule Mandelhörnchen erfunden und führte den Backvorgang im *Café Stoßseufzer* vor. Diese Hörnchen hatten nur ein längliches in Zartbitter getauchtes Ende, das andere Ende war nicht mehr abgerundet, sondern doppelt ballförmig verformt und ohne Schoko. Florin Demut assistierte der Bäckerin und sprach plötzlich perfekt Deutsch.

Ich meldete mich, protestierte gegen die veränderte Form der Hörnchen und kündigte an, den Europäischen Menschengerichtshof wegen Verstoßes gegen die Mandelhörnchennorm anzurufen. Frau Schmitz drohte mir die sofortige Kündigung ihrer Freundschaft und die ewige Verbannung aus ihrer Bäckerei an.

Das war zu viel, ich schrie und wachte auf.

Kleist saß aufrecht im Bett. »Was ist los?«

»Scheißalbtraum«, murmelte ich.

»Worum ging es?«

»Um schwule Mandelhörnchen.«

Er prustete los. »In Regenbogenfarben? Das ist tatsächlich eine grauenhafte Vorstellung. Brauchst du Hilfe?«

»Ja«, gähnte ich. »Kaffee.«

»Mach ich. Ich muss sowieso raus.«

Er sprang aus dem Bett. »Dreh dich noch mal um, ich sage dir Bescheid, wenn der Kaffee auf dem Tisch steht.«

»Du bist so gut zu mir.«

»Ich weiß.«

Nach einer Anschlagsdrohung auf die Schwulenhochzeit storniert die Stadtverwaltung die große Schau, die Bierstadt als tolerante Metropole etablieren sollte. Doch: Das Essen ist schon eingekauft. Eine pragmatische Lösung muss her:

Kollege Kevin sollte Kontakt mit der Dekofirma aufnehmen und klären, was mit dem Blumenschmuck geschehen würde. Den *Culinado-Chef* rief ich selbst an.

»Was passiert mit dem Menü? Dreihundert Gäste kommen morgen nicht …«

»Eine Katastrophe!«, ergänzte der Gastronom. »Sechshundert wachsweiche russische Eier, mehrere Kilo Beluga-Kaviar, vierhundert Taubenbrüstchen und der Lachs – alles für die Katz. Aber – wir haben eine Lösung gefunden. Nichts kommt um. Und das können Sie auch schreiben, damit man uns nicht der Lebensmittelvernichtung bezichtigt.«

»Und wie sieht die Lösung aus?«

»Den Lachs frieren wir ein. Die sechshundert Eier werden fünf Minuten länger gekocht und gewürfelt. Dann dünsten wir die Taubenbrüstchen, schneiden sie klein, geben Sellerie, Orangen und frische Erbsen dazu und vermischen alles mit einem Sahne-Rettich-Dressing. Das Ganze heißt dann Eiersalat nach Zarenart.«

»Und wer soll den essen?«

»Es gibt rund fünfzig Alten- und Pflegeheime in Bierstadt. Wir haben den Heimleitungen das Angebot gemacht, sie mit dem Eiersalat zu beliefern. Dreißig Einrichtungen haben schon zugesagt. Wir bekommen Spendenquittungen. Ist das nicht eine brillante Idee?«

Ja, in der Tat. So kam es, dass an einem Samstag im Mai rund fünfhundert alte Menschen mit Eiersalat nach Zarenart überrascht wurden.

Schwule Mandelhörnchen vs. Eiersalat nach Zarenart

Mandelhörnchen

Für circa achtzehn bis zwanzig kleine Mandelhörnchen in sehr spezieller Form oder auch ›normal‹

Zutaten:

200 g	Marzipanrohmasse
100 g	gemahlene, blanchierte Mandeln
2 TL	Zitronensaft
100 g	Puderzucker
2	Eiweiß
100 g	Kuvertüre dunkel
100 g	Mandelblättchen

Zubereitung:

Marzipan, gemahlene Mandeln, Puderzucker, Zitronensaft und ein Eiweiß zu einem Teig verarbeiten. Daraus Hörnchen formen, mit dem zweiten Eiweiß bestreichen und dann in den gehobelten Mandeln wälzen.

Im Backofen bei 175°C (Umluft) ca. 10–15 min goldbraun backen. Nach dem Auskühlen die Enden in Kuvertüre tauchen.

Die speziellen Mandelhörnchen in Penisform kann man mithilfe eines Ausstechförmchens herstellen. Diese gibt es in unterschiedlichen Größen oder 3er-Sets im Internet zu kaufen.

Allerdings ist der Teig sehr klebrig, wirklich ausstechen lassen sich die Mandelhörnchen nicht. Die Förmchen sind aber hilfreich, dem Gebäck ihr charakteristisches Aussehen zu geben, indem man je eine walnussgroße Teigmenge in einem Förmchen auslegt. So wird jedes Mandelhörnchen in Handarbeit hergestellt.

Zum Verzieren lässt man dann die Spitze ohne Mandelblättchen und benutzt weiße Kuvertüre, die man entsprechend mit roter Lebensmittelfarbe rosa anfärbt.

Eiersalat nach Zarenart

Für vier Personen

Zutaten:

15-18	Wachteleier
100 g	TK-Erbsen
250 g	Sellerie
2 EL	Meerrettich, gerieben
1	Orange, Fruchtfilets und Schalenabrieb
150 ml	Sahne
2 EL	Crème fraîche weißer Pfeffer, Salz
4	Taubenbrüstchen à etwa 350 g
1 TL	Butter
1 Bund	Suppengemüse
½ Tasse	Weißwein

Zubereitung:

In einer Schmorpfanne Butter zerlassen und Taubenbrüstchen schwach anbraten. Dabei etwas salzen. Suppengemüse waschen, putzen und würfeln. Zu den Taubenbrüstchen in die Pfanne legen. Mit Weißwein angießen. Bei kleiner Energiezufuhr 25 Minuten ziehen lassen. Die Taubenbrüstchen herausnehmen. Das Fleisch der lauwarmen Brüstchen absammeln und ggf. in kleinere Stückchen schneiden.

Einen großen Topf Wasser zum Kochen bringen. Die Wachteleier sollten darin genügend Platz haben, ohne beim Kochen aneinanderzustoßen. Die zimmerwarmen Eier in das kochende Wasser einlegen und ca. 4 Minuten ziehen lassen. Die Wachteleier im Eiswasser abschrecken und völlig abkühlen lassen. Die Schale und Haut mit einem scharfen Messer anschneiden und die Eier schälen, anschließend vierteln.

Sellerie schälen, in grobe Stücke schneiden und in einem Topf mit Wasser zugedeckt 10 Minuten garen (im Dampfgargerät gleich in 1 cm Würfel schneiden und 15 Minuten bei 100°C dampfgaren). Abkühlen lassen.

Sahne, Crème fraîche, Meerrettich und Orangenschalenabrieb verrühren. Mit Pfeffer und Salz abschmecken.

Orangenfilets auslösen und klein schneiden. Mit den Erbsen zur Salatsoße geben. Wachteleistückchen und Taubenbrustfilets sowie die abgekühlten Selleriestückchen vorsichtig unterheben.

2 Stunden im Kühlschrank durchziehen lassen.

Anmerkung:

Der Salat schmeckt natürlich auch mit Hühnereiern (3 Stück) und Hähnchenbrustfilet à ca. 300 Gramm.

Grappa und die stille Glut

Ein Pfarrer wird von einer zweiundsiebzigjährigen Frau mit erotischen Tänzen verfolgt – eine skurrile Geschichte. Doch aus Grappas Recherche wird eine ernste Sache, als der Pfarrer grausam ermordet wird. Die Spur des Mörders führt in die Vergangenheit – zu einem Ferienlager, in dem ein junges Mädchen getötet wurde. Einer der Jungen von damals hat es inzwischen zum Sternekoch geschafft.

Maria Grappa und Bäckerin Anneliese Schmitz besuchen sein Restaurant:

Lavant hatte seine Begrüßungstour beendet. Die Kellner trugen die Vorspeise auf – *Spargel-Quiches mit Mangoldsalat.*

Frau Schmitz stach beherzt mit der Gabel in das kleine Törtchen und probierte.

»Da ist ja Ziegenkäse drin«, rief sie aus. »Ich mag keinen Ziegenkäse. Der schmeckt so, wie Pisse riecht.«

»Dann lass den Käse liegen«, schlug ich vor. »Danach kommt das Karnickel. Oder magst du das auch nicht?«

Sie schob den Teller von sich.

Prompt rückte der Kellner an. »Haben Sie etwas zu beanstanden?«

Ich erklärte ihm die Sachlage.

»Wir werden eine andere Vorspeise zubereiten«, lächelte er. »Einen kleinen Augenblick, die Damen.«

Drei Minuten später hatte Frau Schmitz einen neuen Teller vor sich stehen. Nach Aussage des Kellners war darauf *Fruchtiger Avocado-Salat mit Mango und Radicchio* angerichtet. Mit Leichenbittermiene machte sich Frau Schmitz darüber her.

Irgendwie ging der Abend den Bach runter. Die Mango fand vor Frau Schmitz' Geschmacksnerven noch Gnade, die roten Radicchio-Blätter schob sie aber an den Tellerrand und die Avocado-Spalten zerdrückte sie mit ihrer Gabel zu einem schleimigen Brei.

Der Kellner zuckte nicht mit der Wimper, als er das Schlachtfeld auf dem Teller abräumte.

»Jetzt bin ich dir wohl peinlich, Frau Grappa?«

»Nein. Wir sind die Gäste und bezahlen. Also können wir mit dem Essen machen, was wir wollen. Allerdings hegte ich kurzzeitig die Befürchtung, dass du aus dem Avocadobrei eine Gesichtsmaske kreieren wolltest.«

Wir lachten. Das entspannte die Lage.

Das Kaninchen war zart, die Riesling-Sahne, die Kartoffelplätzchen und die Möhren sensationell lecker. Na also.

»Guck mal«, sagte Frau Schmitz und fixierte einen Punkt in meinem Rücken. Ich drehte mich um. Nichts Besonderes.

»Was denn?«

»Siehst du das Auto nicht?«

Ja. Ein weißer Kastenwagen stand auf dem Parkplatz im Licht der Laterne.

»Du hast doch geschrieben, dass so ein Auto gesehen worden ist, als dieser Mann auf die Gleise gelegt wurde. Richtig?«

»Ja. Aber ... solche Autos gibt es in Massen.«

»Ich guck mir den Wagen mal näher an und schreib mir das Kennzeichen auf«, kündigte Frau Schmitz an, tupfte sich mit der Serviette den Mund ab und erhob sich.

Ich widersprach nicht.

Von meinem Platz aus beobachtete ich, wie sie sich dem

Kleintransporter näherte. Sie schaute in den Wagen hinein, trat hinter ihn und schrieb etwas auf. Dann warf sie mir einen total unauffälligen Gruß zu. Zwei Minuten später saß sie wieder am Tisch.

»Wie war ich?«

»Verdeckte Ermittlungen sehen anders aus«, meinte ich.

»Rate mal, wem der Wagen gehört!«

»Weißt du das etwa?«, fragte ich verdattert.

»Der gehört zum Restaurant. Hinten liegen leere Weinflaschen drin und auf dem Beifahrersitz druckfrische Prospekte von dem Laden hier.«

Ich guckte sie an, als wäre sie eine Außerirdische. »Du bist gut, Frau Schmitz«, lobte ich. »Dann muss jetzt mal ich nach draußen.«

Auf dem Weg zum Parkplatz kramte ich mein Smartphone aus der Tasche und fotografierte den Wagen. Wenn der betäubte Hummel damit transportiert worden war, würden Kriminaltechniker vielleicht noch Spuren finden können.

Ich ging ins Restaurant zurück. Inzwischen war das Dessert gebracht worden. *Birnen in Rotweingelee.*

Frau Schmitz löffelte schon. »Das schmeckt aber gut.«

»Du kannst meins auch noch haben«, sagte ich. »Mir ist grad nicht nach Süßem.«

»Au ja, eh ich mich prügeln lass«, freute sie sich.

»War alles zu Ihrer Zufriedenheit?« Dominique Lavant stand wieder neben unserem Tisch.

»Alles wunderbar«, strahlte ich. »Das Kaninchen war göttlich, die Möhren genial und die Birne so sensationell, dass meine Freundin meine Portion auch noch isst.«

»Wünschen Sie ein anderes Dessert? Oder vielleicht einen Espresso?«

»Danke, nicht nötig. Es ist wirklich sehr schön bei Ihnen.«

»Es freut mich, dass Sie einen angenehmen Abend hatten, Frau Grappa.«

Sensationelle Birnen in Rotwein

Für vier Personen

Zutaten:

2	große reife, aber nicht zu weiche Birnen
½ l	Wasser

1	Beutel Hibiskustee
½	Zitrone, Schalenabrieb
20 g	Sago
50 g	brauner Zucker
180 ml	halbtrockener Rotwein

Zubereitung:

Birnen schälen, entkernen, in Spalten schneiden.

Wasser mit Teebeutel, dünn abgeschälter oder abgeriebener Zitronenschale und Zucker aufkochen, Sago hineinrühren, etwa 10 Minuten kochen. Den Teebeutel entnehmen. Die Birnenspalten hineingeben und garen, aber nicht zerfallen lassen.

Nach dem Erkalten mit Rotwein und etwas Zucker ab schmecken. In Kompottschälchen füllen und kalt servieren.

Als Deko sieht eine Hibiskusblüte hübsch aus.

Dazu passen Keksröllchen ›Cigarettes russes‹.

Register

Süßes ✔

✔ Vegetarische Rezepte

Alle Grappa-Krimis auf einen Blick